Dr. Bernd Schubert

Die Solidarische Republik Deutschland
-
Eine Vision, die sich erfüllt?

"Habe den Mut dich deines eigenen Verstandes zu bedienen"

(Immanuel Kant, 1724)

2020

© Dr. Bernd Schubert

1. Auflage, März 2020

Verlag und Druck:

tredition GmbH, Halenreie 40-44, 22359 Hamburg

978-3-347-03441-9 (Paperback)

978-3-347-03442-6 (Hardcover)

978-3-347-03443-3 (e-Book)

Bibliografische Informationen der Deutschen Nationalbibliothek: Die Deutsche Nationalbibliothek verzeichnet diese Publikation in der Deutschen Nationalbibliografie; detaillierte bibliografische Daten sind im Internet über http://dnb.d-nb.de abrufbar.

Inhalt

Die Solidarische Republik Deutschland –

Eine Vision, die sich erfüllt?

Prolog

Halten wir es wie der Aufklärer Kant und bedienen uns des eigenen Verstandes. Das verlangt Mut, weil man der Realität ins Auge schauen muss. Lässt man es, vernachlässigt man das Denken und gibt Verantwortung an andere oder etwas Anderes ab. Man glaubt, folgt Vorgaben, ohne zu prüfen, ob sie der Wirklichkeit entsprechen.

Der Glaube hat in der mindestens achtzigtausendjährigen Menschheitsgeschichte, besonders in den letzten zweitausend Jahren, eine dominierende Rolle gespielt, wenn auch bei zurückgehender Bedeutung.

Er erklärte den Menschen das Sein, wo sie herkommen und hingehen. Mangels ausreichender Erkenntnisse wurde die Schöpfungsgeschichte zum bestimmenden Wegweiser für die Entwicklung der menschlichen Gesellschaft.
Aus Sicht des 21. Jahrhunderts ist sie es nicht mehr. Sie hat ihre grundlegende Bedeutung für die Menschen verloren. Einfach deshalb, weil nach und nach die Lehren der Religionen der Erkenntnisgewinnung der Wissenschaften weichen mussten. Andererseits haben sie nach wie vor Einfluss auf viele Menschen, nicht vorrangig zur Deutung der Welt, sondern um das persönliche Sein in schwierigen Lebenssituationen bewältigen zu können. Das auch für die Wissenschaften bisher nur schwer erklärbare

Seelische benötigt Hilfe. Nicht alles ist fassbar und zu definieren, vor allem wenn es um das Ergebnis der Tätigkeit unseres Gehirns geht. Das Denken und Fühlen der Menschen ist zwar weitestgehend erforscht, aber es gibt noch Erkenntnislücken, die der Erklärung bedürfen.

Die Hauptschwächen der Weltreligionen mit ihren Kirchen bestehen heute in der unzureichenden Wahrnehmung der aktuellen Lebenswirklichkeit der Menschen, in der Verharrung im Dogma und vor allem in der fehlenden Zuwendung für die Gestaltung der Zukunft.

Die Weiterentwicklung des Zusammenlebens der Menschen benötigt dringender denn je Zukunftsvisionen. Spätestens dabei versagen die Religionen. Sie können den Menschen bei der Zukunftsbewältigung kaum helfen. Sie würden die Akzeptanz der Grundfesten ihrer Religionen in Frage stellen. Kein noch so hochgestellter Vertreter der christlichen, insbesondere der katholischen Kirche, ist Willens und in der Lage die Lehren der Kirche aus ihrem Dogma zu lösen und zukunftsfähig zu machen.

Besser wäre es für die Kirchen sich auf Tätigkeitsbereiche zurückzuziehen, für die sie auch im 21. Jahrhundert noch besonders prädestiniert sind. Das sind die seelische Betreuung der Menschen, der Erhalt von bedeutsamen Werten für das Zusammenleben in Form der zehn Gebote, die Taufe, die Verheiratung, die Pflege der Menschen, für einige die Begleitung beim Sterben und die Verewigung auf dem Friedhof.

Immer bedeutsamer auf dieser Erde wurde und wird das Vorausdenken für die Weiterentwicklung der menschlichen Gesellschaft. Die Bewältigung dieser Aufgabe wird zunehmend zur entscheidenden Lebens -

und Überlebensfrage. Der rasante Anstieg der Weltbevölkerung, sie wuchs von 2004 bis 2014 auf ungefähr 7,3 Milliarden, was fast einer Verdopplung gleich kam, der ins Uferlose angewachsene Energieverbrauch in Verbindung mit dem Schwund der dafür benötigten Ressourcen wie Erdöl und Erdgas, des daraus resultierenden sich immer dramatischer entwickelnden Klimawandels und der permanenten Beeinflussung der Menschen Wachstum und Konsum als unantastbare "Heiligtümer" zu betrachten, führt bei Fortsetzung dieses Weges zu immer stärker ausufernden Konflikten und letztendlich zum Untergang der Bevölkerung der Erde kommen.

Wenn schon die Kirchen keine Zukunftsvisionen entwickeln können, sind dann die Parteien des Kapitalismus des 21. Jahrhunderts dazu in der Lage?
Grundsätzlich ja, aber auch nein, weil sie sich hauptsächlich beschränken, besitzerhaltend- und besitzvermehrend für das Kapital, Politik zu betreiben. Die nicht in Regierungsverantwortung befindlichen Parteien wollen Veränderungen, insofern setzen sie sich schon eher mit der Gestaltung der Zukunft auseinander. Die Schwachpunkte dieser Überlegungen wurzeln in ihrem kaum auszublendenden ideologischen Fundament. Hierin ähneln sich Religionen und Parteien. Beide leiten ihre Vorstellungen des Zusammenlebens der Menschen von Ideologien, von Systemen von Ansichten, ab. Der Vorteil für Parteien besteht darin, dass sie entgegen der Religionen nicht ausschließlich im Festhalten verharren, sondern veränderungsbereiter sind, wenn sie damit die Machtfrage bezüglich der Führung der Gesellschaft für sich entscheiden können.

Der Kapitalismus ist inzwischen an die Grenzen seiner Entwicklungsmöglichkeiten gestoßen. Die durchaus effiziente Wirtschaft verträgt sich auf Dauer nicht mit dem Hauptziel des Kapitalismus, der Gewinnmaximierung. Dieses Ziel führt zu wachsenden Auseinandersetzungen bezüglich der Verteilung der Rohstoff - und Energieressourcen. Diese werden letztendlich mit Mitteln des Krieges geführt. Hinzu kommt die sozial unverträgliche und ungerechte Gewinnverteilung. Gewinne werden gesamtgesellschaftlich erwirtschaftet, aber sozial ungerecht verteilt. Die Besitzverhältnisse von Reichen und Armen gehen immer weiter auseinander. Die Menschen haben inzwischen gelernt, dass ihre prekäre Situation nicht unumstößlich ist und streben nach Veränderung. Sie folgen immer weniger den Verlautbarungen ihrer Pastoren und den Sprüchen der Politiker.

Bereits am 24. Februar 2015 konnte man sich im „Staats"-Fernsehen der BRD, der ARD, auf der Videotexttafel 141 überzeugen, dass die Bevölkerung dabei war, den "Glauben" an den eigenen Staat zu verlieren.
Zu lesen war:
"Einer Studie zufolge, glauben mehr als 60%, dass die BRD von keiner wirklichen Demokratie regiert wird.

Schuld sei der starke Einfluss der Wirtschaft auf die Politik. Das ist das Ergebnis einer Untersuchung von Infratest Dimap. Jeder Dritte ist demnach davon überzeugt, dass der Kapitalismus zwangsläufig zu Armut und Hunger führe.
Den Sozialismus halten 37% aller West - und 59% aller Ostdeutschen für eine gute Idee, die bisher nur schlecht ausgeführt wurde. Der Studie zufolge haben 14% (West) bzw. 28% (Ost) eine linksradikale Grundhaltung".

Denken wir deshalb voraus und beschränken uns nicht auf das Hoffen!
Haben wir Mut, das scheinbar nicht Realisierbare zu beginnen. Die Entwicklung der Menschheit hat bewiesen, dass sie in der Lage ist, schwierige Etappen zu überwinden. Das sind wir vor allem unseren Nachkommen schuldig!

Zum Verständnis
Wer hat schon Mut in sich zu blicken, das Wahrgenommene zu deuten, zu bewerten und sich dem eigenen Urteil auszusetzen?
Ist man dazu überhaupt in der Lage, führt das nicht zur unweigerlichen Selbsttäuschung oder ist man tatsächlich bereit und fähig die Realität zu - und anzuerkennen? So unterschiedlich wie die Menschen selbst, werden die Antworten auf diese Fragen sein.
Ich vermute, dass Einblicke, der Blick in das eigene Ich, höchstens Details beleuchten können, aber kaum das Ganze in seiner Verknüpfung erklärt.
Also sollte man es lassen in sein Inneres zu schauen, weil es vielleicht zur Verunsicherung oder gar zur Verwirrung

führt?

Sicher nicht, denn das Ergründen des persönlichen Seins hilft zumindest der eigenen Wirklichkeit nahe zu kommen. Die Beantwortung der Fragen: "Wer bin ich?", „Wie bin ich?" und „Was will ich?" führt zu wichtigen Lebenshilfen. Vereint ermöglichen sie stabile und jeder - zeit abrufbare Verhaltens– und Handlungsmuster, die das Leben in der Gesellschaft ermöglichen und erleichtern.

Die wiederholte Reflexion dieser Fragen führt zu sogenannten Grundpositionen, die einer Beschreibung des eigenen Charakters nahekommen.

Durch diese werden wir in die Lage versetzt, sofort und ohne besonderen Aufwand mit Hilfe von Analysen, Antworten auf wichtige Fragen des Lebens geben zu können. Wir müssen nicht jedes Mal mit unseren Überlegungen von vorn anfangen, falls wir gefragt werden. Wir haben Reaktionen und standardisierte Antworten parat. Nicht nur das, sie geben uns Zeit für noch nicht getätigte Überlegungen und für zukünftige Antworten.

Natürlich ist das in den verschiedenen Lebensabschnitten unterschiedlich. Die Fähigkeit des in sich Blickens wächst alters- und entwicklungsbezogen. Säuglinge reagieren automatisch auf Reize aller Art, vor allem auf die differenzierte, säuglingsgemäße Ansprache der Mutter. Das hat noch nichts mit gedanklich vorbereiteten Antworten zu tun, aber das Baby zeigt schon "Charakter", indem es lacht, weint oder auch gar nicht reagiert. Aus der permanenten Wiederholung gleicher oder ähnlicher Abläufe wird für die Jüngsten die Welt zunehmend erkennbar. Sie horchen in sich hinein und nehmen visuell wahr, ob ihnen die auf sie einstürmenden Signale bekannt sind. Diese führen die Heranwachsenden immer öfter zu gleichen oder ähnlichen Reaktionen. Auf diese Weise nehmen Denkprozesse ihren Anfang. Sie werden zu richtungsweisenden Begleitern des Menschen.

Wie lässt sich das Denken erklären? Das ist nicht einfach, obwohl wir es ständig mehr oder weniger praktizieren.
Das Wahrnehmen in Form des Hörens, Sehens und Fühlens sind auf sich begrenzt noch keine Denkprozesse, sondern nur der Anfang, die Ausgangsposition für das Denken. Erst deren Verknüpfung ermöglicht das Entstehen von Gedanken, welche vom direkten Wahrnehmen zunehmend unabhängig werden und meist zu einem viel weiter führenden Erkenntnisgewinn gelangen. Ohne die Speicherfähigkeit des Gehirns bliebe das Denken ein unerfüllter Wunsch. Wir würden wahrnehmen und nur das in diesem Augenblick Wahrgenommene durch isolierte und darauf begrenzte Reaktionen beantworten.

Denken und Lernen gehören untrennbar zusammen. Lernen benötigt das Denken und umgekehrt braucht das Denken das Lernen. Die Summation von Denkprozessen und deren Verflechtungen, sowie unverzichtbare Wiederholungen sind Mosaiksteine des Lernens. Letztendlich führt das Lernen zu neuem Wissen mit deren Hilfe der Mensch in die Lage versetzt wird Materielles und Ideelles zu verändern. Deshalb ist es nur folgerichtig, sehr früh zum Denken aufgefordert und an systematisches Lernen herangeführt zu werden. Besonders aus dieser Sicht spricht alles für den Besuch von Kindertagesstätten und damit der Teilnahme am planvollen Lernen, was seine Fortsetzung in der Schule findet.
Befinden sich die Menschen in Konkurrenz beim Lernen? Untereinander schon.

Gibt es andere Lebewesen die denken und lernen können? Diese Fragestellung wurde bisher meist unterschiedlich beantwortet. Die eine Gruppierung von Wissenschaftlern traut den Tieren grundsätzlich zu, zu denken und zu lernen. Als Beweise dienen verschiedenartige Experimente und Tierdressuren. Inwieweit dafür Denk- und Lernprozesse unabdingbare Voraussetzungen sind oder das einfache Nachahmen reicht, ist wohl noch nicht endgültig geklärt. Aktuell neigt sich die Waage zu der Seite, welche den Tieren Denk - und Lernfähigkeiten zuerkennt.

Gleichzeitig weist man aber darauf hin, dass es erhebliche qualitative Unterschiede im Denken zwischen Menschen und Tieren gibt. Die gestalterischen Fähigkeiten des Menschen sind unvergleichlich größer als die der Tiere und setzen daher ein deutlich höheres Denkvermögen voraus.

Dem Denken und Lernen sind ein weiterer ganz wesentlicher Faktor unserer Gehirntätigkeit hinzuzufügen, das Erinnern. Könnten wir uns nicht erinnern, würden wir nur im Unmittelbaren leben. Dieses Leben hätte nicht die Qualität des tatsächlichen Seins, erst wenn wir das Erlebte im Gedächtnis speichern können wird es zur "Geburtshilfe" und zum schöpferischen Fundus für immer neue Gedanken, auch für noch nicht gedachte zukünftige!

Das Ausmaß und die Qualität des Denkens machen aus dem Individuum noch nicht einen guten Menschen. Um dies bestimmen zu können, müssten wir erst entsprechende Kriterien miteinander vereinbaren. Da beginnt das Dilemma! Reicht es dafür aus, uns allen genehme Verhaltensweisen des Menschen zu beschreiben, wohl nicht ganz. Versuchen wir es mal mit der

"Kameradschaft". Die Interpretation dieses Begriffes bedeutet u. a. sich mit jemandem sach- und zielbezogen, zumindest grundsätzlich, im Einklang zu befinden. Aber wie bewerten wir diese Verhaltensweise, wenn wir plötzlich feststellen müssen, dass sie antihumanistischen Zielen dient? Also gilt es die Beurteilung des Denkens stets im Konsens von verschiedenen Wertebegriffen vorzunehmen. Das Denken sollte nie im Gegensatz zu Grundregeln des Humanismus gebraucht werden. Dient das Denken der Lösung sozialer Aufgaben, ist es besonders wertvoll, weil es die Lebensverhältnisse der Menschen verbessern kann.

Je mehr und intensiver ich mich versuche mit den Grundlagen und dem Umfeld des in sich Hineinblickens zu befassen, desto undurchschaubarer erscheint mir alles. Belassen wir es bei diesen unvollständigen und kaum wissenschaftlichen Erklärungsversuchen. Ich hoffe, dass mir die Einblicke in mich selbst am Ende dieser Zeilen mehr Klarheit zu diesem Thema bringen werden! Wenden wir uns nun der von uns wahrgenommenen Vergangenheit, der Gegenwart und dem möglichen Zukünftigem zu!

1 Vergangenes und Grundsätzliches zur Erinnerung

1.1 Wohl und Wehe im Ergebnis der "Wende" 1989/1990

Deutschland wird wieder ein Staat, aber für lange Zeit kein geeintes Volk sein.

In der Rückblende von fast 30 Jahren bleibt der erste Teil des Satzes der wichtigste.

Macht es aber Sinn gemeinsam in einem Staat zu leben ohne sich in Persona grundsätzlich einig zu sein?

Wohl doch, denn Grenzen als formal und tatsächlich trennendes, gibt es nicht mehr. Von jetzt ab kann man sich problemlos nahekommen, ohne schon eins zu sein. Die gleiche Sicht auf die wichtigen Dinge des gemeinsamen Seins ist dennoch nicht von heute auf morgen zu erwarten und zu erreichen. Im wirklichen Leben sagt man zu Recht: "Gut Ding will Weile haben". Die Weile gilt es alsbald auszufüllen, um die notwendige Brücke für ein gemeinsames und zukünftig gedeihliches Miteinander zu bauen. Ist das Ausfüllen gelungen? Leider bis jetzt (noch) nicht! Warum? Weil es einseitig, west-lastig erfolgte.

Die Westdeutschen steuerten das Ausfüllen, nur an den Rändern des Füllkruges blieb Platz für wenige Einlassungen der Ostdeutschen. Dieser Mix war für die Ossis kaum verdaulich, führte bei immer mehr "Neubürgern" zum Frust und gebar Pegida und eine neue rechtsgerichtete Partei, die "Alternative für Deutschland" (AFD), die von westdeutschen "Einwanderern" wie Gauland, Höcke und Weidel angeführt wird.

Sieger zu werden ist eben nicht ausreichend, denn die zukünftigen Dinge richten sich nicht von selbst. Nur wenige Gewinner begreifen, dass das Siegen erst dann nutzbringend ist, wenn es als Startsignal für den Aufbau einer miteinander abgestimmten Zukunft zu gebrauchen ist!

1.2   Eingeschränkte Souveränität der BRD

Zumindest stichwortartig gilt es in Erinnerung zu rufen und dafür einige Beispiele zu nennen, was die Souveränität der ehemaligen BRD einschränkte und ihre Entwicklung erschwerte.

Beleg 1.:

Die "Kanzlerakte": Die BRD bleibt langfristig ohne gültigen Friedensvertrag. Dazu Anmerkungen von Egon Bahr aufgeschrieben 2013, nachlesbar in Wikipedia im Zusammenhang mit der Wahl von Willi Brandt zum Bundeskanzler.

Begründung: Jeder neu zu wählende Bundeskanzler der BRD hat in Verbindung mit der sogenannten "Kanzlerakte", vorgelegt durch Gesandte der drei westlichen Siegermächte des II. Weltkrieges, die Vorbehaltsrechte der USA, GBR und Frankreichs, gültig bis 2099, zu unterschreiben. Aus diesem Grund ließen es die drei auch nicht zu, im Zusammenhang mit dem Anschluss der DDR an die BRD 1990, einen Friedensvertrag mit dem vereinten Deutschland abzuschließen, weil sie damit ihre Vorbehaltsrechte aufgegebenen hätten. So kam es nur zum sogenannten 2+4 - Vertrag.

Beleg 2.:
Jeder Staat dieser Erde ist bemüht Goldreserven anzulegen, um in Krisenzeiten finanziell und materiell, zumindest für eine Zeit lang, handlungsfähig zu bleiben und sich die Souveränität zu erhalten.
Zum 31.12.2016 besaß die BRD mit 3.377.967,8452 kg Feingold in Form von Goldbarren, nach den USA, die zweitgrößten Goldreserven aller Staaten dieser Erde. Wert in Euro: 118.872.715.253!
Aber davon befinden sich immer noch 36,6% in den USA, 12,8% in GBR und 2,7% in Frankreich, also mehr als die Hälfte, in den Händen der westlichen Siegermächte des II. Weltkrieges.
Auch auf diese Weise sichert man sich die Gefügigkeit von Partnern und schwächt damit deren Souveränität.

Beleg 3.:
Der USA Geheimdienst NSA hörte 2014/2015 das Handy der Bundeskanzlerin Merkel ab. Als man die Abhöraktionen entdeckte, vernahm man ihre zu Recht empörte Reaktion: "Unter Freunden geht das gar nicht." Was unternahm sie dagegen? Nichts!
Sollte sie wirklich beim damaligen USA - Präsidenten Obama dagegen interveniert haben, wird er sicher auf die immer noch gültige "Kanzlerakte" verwiesen und es mit der Schutzpflicht der USA gegenüber der BRD begründet haben.

Beleg 4.:
Die deutsche Regierung forderte 2015/2016 von der USA - Administration die Einsicht in die "sogenannte Selektoren Liste", d.h. welche deutschen Konzerne durch die NSA ausspioniert wurden. Die Liste wurde den

deutschen Bundestagsabgeordneten, trotz Mahnung, nie vorgelegt.

Die USA verfahren nach dem Prinzip, wenn unsere Geheimdienste Konzerne unserer politisch Verbündeten durch Abwehr - und Aufklärungsarbeit schützen, haben sie auch das Recht, ihre technologischen Fortschritte und möglichen wirtschaftlichen Geheimnisse gleichzeitig mit abzuschöpfen.

Genug der Beispiele!

Von Souveränität kann man erst sprechen, wenn man in allen staatspolitischen Fragen tatsächlich selbst entscheiden kann. Bis dahin, war es 2020 noch ein sehr weiter Weg!

1.3 Verpasste Chancen

Chancen sind, vereinfacht ausgedrückt, Möglichkeiten Ziele zu erreichen. Die Möglichkeiten ergeben sich aus dem Niveau der persönlichen Fähig - und Fertigkeiten und dem zielorientierten Verhalten. Darüber hinaus ist die erfolgreiche Realisierung von Chancen von der Zeit, dem Zeitpunkt, anderen Personen und dem Ort des Geschehens abhängig. Chancen sind nichts Starres, im Gegenteil, sie unterliegen ständigen Veränderungen.

Der Anschluss der DDR an die BRD 1990 nach "Artikel 23/Grundgesetz" war so eine Chance zur Anpassung dieses grundlegenden Gesetzes an die für alle Deutschen veränderte Lebenswirklichkeit.

Es wurde bewusst versäumt, das Grundgesetz der "alten" BRD zu qualifizieren, in eine realitätsbezogene Verfassung, die in die Zukunft weist, zu verändern.

Man beharrte auf zu viel Bisherigem, klammerte sich an manche Festlegungen aus der Weimarer Republik, trennte nicht vollständig Staat und christliche Kirchen, verankerte nicht konsequent genug, dass alle eventuell wieder auftauchenden nationalsozialistischen Dinge mit einem Höchstmaß von Strafen belegt werden und versäumte es den Staat mit seinen Gesetzen ausdrücklich zur einzigen Autorität für das Zusammenleben aller deutschen Staatsbürger zu machen.

Der Hauptgrund waren die Vorbehalte der drei westlichen Siegermächte des
II. Weltkrieges: der USA, GBR und Frankreichs, die in der sogenannten "Kanzlerakte" 1949 niedergeschrieben, bis zum Jahre 2099 ihre Gültigkeit behalten sollen. (s.a.a.O.) Insofern musste die BRD die BRD bleiben und die DDR durfte nur angeschlossen werden!

Da 1990 die Chance nicht wahrgenommen wurde, aus dem alten Grundgesetz der BRD eine Verfassung, beruhend auf dem Gegenwärtigen und schauend auf das Zukünftige zu machen und sie der Bevölkerung zur Entscheidung vorzulegen, wird das Grundgesetz immer weniger der Lebenswirklichkeit der Deutschen gerecht.

Die westdeutschen Bürger haben damit kaum Probleme. Ihnen sind die Aussagen des immer noch gültigen Grundgesetzes inzwischen in Fleisch und Blut übergegangen. Sie halten es letztendlich für unantastbar. Sie vergessen dabei, dass jeder Mensch nicht nur das Recht, sondern auch die Pflicht hat, die Gesetze des Staates anzuerkennen, sie immer wieder zu prüfen, ob das oder die Gesetze noch rechtens sind.

Gesetzestreue darf nicht zu ungeprüfter, unkritischer Folgsamkeit führen! Gesetze werden von Menschen geschaffen und können von Menschen verändert oder auch wieder abgeschafft werden und trotzdem sind sie kein Konstrukt individueller Beliebigkeit.

Neben den schon aufgeführten Mängeln gibt es noch viele weitere zu nennen.

Am 28.2.2016 legte der noch heute in der Funktion befindliche Verfassungsrichter der BRD, Prof. Voßkuhle, bei einem Vortrag, ausgestrahlt durch den Fernsehsender 3-SAT im Rahmen der "Teleakademie", den Deutschen nahe, eine neue, veränderte Verfassung zu erarbeiten, postuliert als Gesetz für die gesellschaftliche Mitte.

Natürlich fragt man sich sofort, ob einer der obersten Verfassungsrichter der BRD nichts von den Vorbehaltsrechten der Siegermächte gehört hat oder ob sie vielleicht doch keine Gültigkeit mehr haben? Sei es wie es sei.

Aber in dem Vortrag darauf hinzuweisen, dass Deutschland eine Verfassung braucht, die die gesellschaftliche Mitte zum Bezugspunkt für eine neue Verfassung macht, ist schon sehr verwunderlich. Die Verfassung eines Staates sollte doch unbedingt allen Bürgern gerecht werden, denn sie benötigt die Anerkennung aus allen Schichten und Gruppierungen der Bevölkerung.

Im Übrigen wäre es gut, wenn sich Prof. Voßkuhle etwas eingehender mit der gegenwärtigen Struktur unserer Gesellschaft befassen würde, denn die sogenannte gesellschaftliche Mitte in der BRD ist seit geraumer Zeit in einer Auflösungs- und Wanderbewegung. Sie ergibt sich vor allem aus den ökonomischen Verhältnissen. Da sich auch in Deutschland die Schere zwischen arm und reich immer weiter öffnet und inzwischen schon ca. 40% der Bevölkerung, Stand 2017, ökonomisch zur unteren Bevölkerungsgruppe einzuordnen sind, führen die diesbezüglichen Überlegungen von Prof. Voßkuhle nicht zum richtigen Lösungsansatz für die Erarbeitung einer Verfassung für die Deutschen.

Man darf in diesem Zusammenhang nicht vergessen, dass die Hauptursache der kontinuierlichen Verschiebung der gesellschaftlichen Mitte an den ärmeren Rand der Gesellschaft, die Gewinnmaximierung im Kapitalismus ist.

1.4 Geld - Segen oder Unheil?

Seit dem 1. Juli 1990 fühlte sich eine große Zahl Ostdeutscher erstmals als "richtige Deutsche".

Es war der Tag des Geldumtauschs von der Ost - in die Westmark. Nicht alles eins zu eins, aber immerhin. Viele glaubten sich mehr oder weniger selbst aufgewertet.

Man konnte nun den "Wessis" auf Augenhöhe begegnen, so dachte und hoffte man. Schon daran ist zu erkennen, was Geld alles bewirkt. Bekommt man welches, hebt es auf jeden Fall die Stimmung. Wird einem Geld weggenommen, fühlt man sich schlecht, berechnet sofort das eingetretene Defizit und überlegt auf welche Art und Weise man den Verlust kompensieren kann.

Der "Diktator Geld", das wichtigste Symbol des Kapitalismus, hatte nun auch die "Ossis" in seinen Bann gezogen. Zunehmend drehte sich (fast) alles um das "liebe" Geld.

Die rund 16 Millionen "Neubürger" aus dem Osten Deutschlands begannen allmählich zu begreifen, dass mit Geld fast alles, aber ohne, fast nichts geht.

Noch deutlicher erschraken die Ex-DDR- Bürger, dass ihr Wert als Persönlichkeit, immer mehr von ihrem Geldvermögen abgeleitet wurde. Fähigkeiten und Fertigkeiten traten in den Hintergrund, man merkte es immer öfter, aber leider meist zu spät, dass man sich vom Schein des Gegenübers blenden ließ. Ein tolles Outfit und ein schmeichelndes Auftreten öffneten schneller wichtige Türen, als das Niveau des persönlichen Leistungsvermögens. Na ja, nicht umsonst absolvierten die "Wessis" 13 Schuljahre bis zum Abitur. Regine Hildebrand, die viel zu früh verstorbene Ministerin für Arbeit und Soziales des Landes Brandenburg, gab treffend von sich, dass dieses 13. Jahr vorrangig dem Schauspielunterricht diente. Wie treffend bemerkt!

Entsprechend der ererbten Persönlichkeitsstruktur und der genossenen Erziehung entwickelte man sich mehr oder weniger zum "Schauspieler". Viele Ostdeutsche erkannten das auch für sich als wichtige "Lebenshilfe". Es lohnt sich eben stets von Siegern zu lernen, auch wenn so ein Verhaltensmuster nur zweckgebunden positiv ist, da auf einer negativen Grundlage basierend, nämlich der Täuschung anderer.

Aber wer nimmt so etwas schon so genau, wenn es bei der Anhäufung von Geld, einem hilfreich zur Seite stehen kann?

Die Mehrung von Reichtum in Form von Geld wird nicht nur von "Schauspielerei" gefördert, sondern weil sie vor allem einen Zugang zu einem Netzwerk von Menschen schafft, durch deren Verbund man schneller zu ergiebigen Geldquellen gelangen kann.

Was macht Geld so bedeutsam?
Es ist ein allseits anerkanntes Tausch- und Zahlungsmittel, ein Wertbewahrungsmittel, Wertmaßstab in der Form der Währung eines Staates und manche neigen zu der Überhöhung und bezeichnen Geld als Lieferanten für die Energie und Wärme des Lebens.

Laut Wikipedia stammt der Begriff Geld vom althochdeutschen "gelt" gleich Vergeltung, Vergütung, Einkommen und Wert ab.

Erstmals nachweislich wurde Geld als Münzgeld in Lydien des 7. vorchristlichen Jahrhunderts eingeführt. Auch das kann man bei Wikipedia nachlesen. Damit sind aber noch nicht der Segen oder das Unheil bringende des Geldes erklärt.

Nehmen wir den Segen des Geldes unter die Lupe:
Die zum Teil deutlich auseinandergehenden Begriffsbestimmungen sollten wir den Nachschlagewerken überlassen. Allgemein anerkannt ist, dass Segen in vielen Religionen ein Gebet oder einen Ritus darstellen, wodurch Personen oder Sachen Anteil an göttlicher Kraft oder Gnade bekommen sollen. Diesen Gedanken weiter folgend ist das Ziel des Segens die Förderung von Glück und Gedeihen oder die Zusicherung von Schutz und Bewährung. All dem kann Geld (teilweise) gerecht werden. Personen nutzen es als Auslöser, Beschaffer, Katalysator und Bewahrer

materieller und auch ideeller Werte. Daraus erwächst oft auch Glück und Gedeihen. Soweit, so gut.

Aber führt Segen den Menschen gar zu göttlicher Kraft, wofür die Menschheit weder einen Maßstab hat, noch Dimensionen bestimmen kann? Ist persönliche Tüchtigkeit zumindest ein Teil von göttlicher Kraft? Ich glaube nicht. Tüchtigkeit können wir eher als mehr oder weniger komplexe Fähigkeit interpretieren, die sehr stark von den individuellen Verhaltensweisen abhängt und sich vor allem durch Lern - und Erziehungsprozesse entwickelt.

Der Segen des Geldes mit seinen positiven Merkmalen hat auch ein Gegenüber, das Unheil!

Geld kann die Entwicklung des Einzelnen und der ganzen Gesellschaft begrenzen. Geld trägt in sich den Keim der Gier. Mit immer mehr Geld glaubt man zunehmend alle Probleme lösen zu können. Geld wird deshalb zur Droge und zum bestimmenden Faktor in kapitalistischen Gesellschaftsordnungen. Geld wird zum Synonym für Macht. Mit Hilfe der Machtausübung wird die Geldanhäufung gefördert und die Geldverteilung zu Gunsten der Mächtigen reguliert. Geld spaltet die Gesellschaft in arm und reich. Die sich daraus entwickelnden Folgeerscheinungen manifestieren die Teilung der Menschen in Gebildete oder weniger Gebildete, in eher Gesunde und anteilig mehr Kranke sowie in Zufriedene bzw. Unzufriedene. Wer kein oder nur wenig Geld besitzt ist zumindest materiell vom Unheil bedroht und stirbt durchschnittlich eher als die Besitzenden.

Wir erkennen: Segen allein löst keine Probleme. Segen kann allen Falls motivieren und das Handeln bestärken. Segen bedarf der humanistischen Orientierung, um nicht abzugleiten in eine Förderung des Negativen.

1.5 Folgenschwere und andauernde Erhebung der "Sieger" über die "Verlierer"

Wer sich als Sieger über den Verlierer erhebt, wird meistens der nächste Verlierer werden.

Die dem Satz innewohnende Botschaft klingt anfangs wenig plausibel. Warum sollte man als Sieger bei der nächsten Auseinandersetzung zum Verlierer werden? Nimmt der Gewinner nicht einen Vorsprung mit in die folgende Auseinandersetzung? Ist man mit einem Sieg nicht um eine Erfahrung reicher, die dem anderen fehlen könnte, um zu siegen?

Vieles wird durch einen Sieg ausgelöst, vor allem Positives:

Stärkung des Selbstbewusstseins, Bestätigung von Fähigkeiten und Fertigkeiten.

Aber wieso läuft man dann Gefahr sich als Sieger über den Verlierer zu erheben? Wie fast alles besitzt ein Sieg zwei Seiten einer Medaille.

Aus Selbstbewusstsein kann leicht Überheblichkeit werden. Man glaubt, dass man nur selbst eine bestimmte Aufgabe bestmöglich bewältigen kann und unterschätzt dabei Mitbewerber oder auch Gegner. Jeder Sieg fördert zunehmend das Gefühl, dass man unentbehrlich, ja letztendlich glaubt man, dass man sowieso der Beste ist. Daraus folgt, dass man anfängt andere zu unterschätzen, abzuwerten und zunehmend zu benachteiligen. So geschehen nach der Wende. Viele oder zu viele "Wessis" fingen, gebeten oder ungebeten, an als Lehrmeister gegenüber den Ossis aufzutreten. Sie erklärten Ihnen sogar die Geschichte der DDR und bewerteten ihr Verhalten in deren früherem Staat.

Als Sieger hat man keine Kritik zu fürchten. Wer legt sich schon mit Siegern an? Sicherlich kaum jemand. Also lässt man sich meist ohne Widerstand kritisieren. Als Verlierer duckt man sich ab und ist froh nicht selbst für Missliches der Vergangenheit verantwortlich gemacht zu werden.

Die Wahrheit und damit die Deutungshoheit haben erst einmal die Sieger gepachtet. Sie bestimmen nicht nur was Recht und Unrecht ist, sie besetzen natürlich alle Führungspositionen die durch Personen ihrer Netzwerke intern festgelegt wurden. Die Bilanz dieser Vorgehensweise lässt sich im Ergebnis einer Personalanalyse speziell bezüglich der Besetzung von Chefpositionen ablesen. Das betrifft Gerichtspräsidenten genauso wie Vorstandsvorsitzende von Sparkassen. Der Osten wurde und wird fremd regiert und bestimmt.

Es kommt noch schlimmer: In den nächsten ein, zwei Generationen wird sich das noch fortsetzen. Die Bestimmer der westlichen Netzwerke "vererben" regelrecht die herausragenden Funktionen besonders in der Wirtschaft, den Schaltstellen des Staatsapparates, der Wissenschaft, Kunst und Kultur. Ende Mai 2016 teilten die Fernsehsender ARD und MDR mit, dass nach wie vor die "Schaltstellen" der Wirtschaft und Politik mit 80 Prozent von Personen aus den alten Bundesländern im Osten besetzt sind. Die nach der Wende als sogenannte Helfer nach dem Osten geschickt wurden, nutzten das zur Verewigung ihres Führungsanspruches.

In der Politik lässt man auch (einige) Ostdeutsche Spitzenpositionen einnehmen, um Glaubwürdigkeit für die Gleichbehandlung der Ossis vorzugaukeln.

Sieger begreifen nicht, dass sie mit dieser Vorgehensweise nicht nur Unmut unter den Ossis hervorrufen, sondern die Saat ausbringen für die eigene, spätere Niederlage.

Sieger und Verlierer benötigen im Moment des Triumphes oder des Unterganges Größe und Maß zur Steuerung des eigenen Verhaltens. Sieger werden von Verlierern am ehesten akzeptiert, wenn sie die Macht des Gewinners nicht zum Instrument für die Unterwerfung der Unterlegenen missbrauchen.

Verlierer müssen Niederlagen anerkennen, ohne sich unterwürfig zu verhalten und jede Selbstbejammerung ist dabei fehl am Platze. Es gilt die Ursachen der Niederlagen zu erkennen und danach mit wieder- aufzubauender Energie in kritischer Kooperation mit den Siegern zu Gleichberechtigten oder selbst zu Siegern zu werden.

Ob allerdings die Menschheit sich immer wieder in Gewinner und Verlierer teilen muss, wird die Zukunft zeigen. Förderlich wäre es für unsere Gesellschaft, bei allen Unterschieden, sich auf der Grundlage von Gleichheit und Brüderlichkeit stets helfend, trotzdem kritisch und dort wo gerechtfertigt, anerkennend zu begegnen! Dies ist eine erforderliche Voraussetzung, um den Weg in eine gedeihliche Zukunft gemeinsam, menschenwürdig gehen zu können.

1.6   Von einer zur anderen staatlichen Enttäuschung

Ehe ich mit einer Erklärung betreffs wechselnder staatlicher Enttäuschungen beginne, gilt es die Aussage der Begriffe, vor allem bezüglich der Unterschiedlichkeit von Täuschung und Enttäuschung, zu klären.

Der Gebrauch beider Wörter vermittelt vor allem die gleiche negative Aussage, dass man an der Wahrheit, an der Realität vorbeigeführt wurde, wird oder werden soll.

Die Vorsilbe „ent", bei Gebrauch des Begriffs Enttäuschung, deutet darauf hin, dass der Vorgang an der Wahrheit vorbeigeführt wurden zu sein, bereits abgeschlossen wurde. „Ent" interpretiert mit wegnehmen oder entfernen diese Deutung.

Täuschung dagegen ist der Vorgang an sich und in allen Zeitformen zu verwenden.

Umgangssprachlich bleibt für uns Deutsche Täuschung ein Synonym für Enttäuschung!

Dass die frühere DDR letzten Endes von der Mehrheit der Bevölkerung als Enttäuschung empfunden wurde und noch wird, ist und bleibt Realität und ist keine prinzipielle Täuschung. Vielleicht ist sie im Einzelfall eine Selbsttäuschung. Was jeweils die Enttäuschung ausgelöst hat, ist mit Bestimmtheit sehr unterschiedlich gewesen. Die einen waren vom real existierenden Sozialismus, vor allem auf Grund der immer wieder spürbaren Mangelwirtschaft enttäuscht und andere hatten Probleme mit den Staat vertretenden Personen und ihrer Politik.

Viele DDR - Bürger waren insbesondere von der stark eingeschränkten Reisefreiheit enttäuscht. Andere bemängelten die politische Gleichschaltung und wieder andere hatten Probleme mit der Beschränkung öffentlicher Meinungsäußerungen.

Dem gegenüber standen viele positive Dinge, die die genannten Enttäuschungen milderten oder oftmals ganz in den Hintergrund treten ließen:
Kostenfreie Bildung für alle, gleiche Bildungschancen, umfangreiche Sozialleistungen, keine Arbeitslosigkeit, keine wirkliche Armut, kein unermesslicher Reichtum und geringe Kriminalität.

Wie war das in der BRD?
Gibt es diesbezüglich keine Erinnerungen, die bis heute mit immer anhaltenden Enttäuschungen oder vorauseilenden Täuschungen verbunden waren oder sind? Doch, sie gibt es! Und nicht zu wenige. Ob man enttäuscht wurde, hängt maßgeblich von den ganz persönlichen Erwartungen ab. Sie sind der hauptsächliche Maßstab für die eigene Bewertung fast aller Geschehnisse.

Der Jubel der meisten Ossis war 1990 nach dem Anschluss der DDR an die BRD noch nicht lange verhalt, machten sich erste Enttäuschungen breit. Das Krebsgeschwür in Form der sich schnell ausbreitenden Arbeitslosigkeit, brachte immer mehr Ostdeutschen Angst. In ihrem Bewusstsein war der mögliche Verlust des Arbeitsplatzes durch die gewohnten Verhältnisse aus ihrer DDR - Zeit nicht mehr gegenwärtig und erschrak sie umso mehr.

Andere Enttäuschungen kamen nach und nach hinzu. Man erkannte bald, dass die "Bestimmer" aus dem Westen die Ossis für mehr als die nächsten 25 Jahre in allen lebenswichtigen Bereichen an der "kurzen Leine" führen würden.

Die ehemals Ostdeutschen wurden zwar nicht wie Asylanten oder Migranten behandelt, keineswegs, aber zunehmend wie Deutsche zweiter Klasse. Der für sie andere Staat machte sie alle wieder zu Schülern, die vor allem zu lernen hatten, wie man sich in der für sie neuen BRD zu verhalten hat.

Man hoffte nun ein mündiger Staatsbürger sein zu dürfen, merkte aber bald, dass man vor allem als Konsument gebraucht wurde. Mündig bzw. mitsprechende und ihre Meinung verteidigende Staatsbürger benötigte man schon gar nicht. Also begann man ein zweites Mal das eigene Verhalten zu kontrollieren. Die Devise lautete: ja nicht anecken, möglichst nicht widersprechen, den Wessis Dankbarkeit zeigen und zunehmend sich dem Mainstream der bürgerlichen Gesellschaft anpassen:

Mehr Wein als Bier trinken, gut gekleidet gehen, die Automarke nach der eigenen sozialen Einstufung auswählen, über Politik und Geld nur im engsten Familienkreis reden, eigene Sündhaftigkeit verdrängen und verschweigen, sich einen religiösen Anschein verpassen und in der Öffentlichkeit möglichst oft Fröhlichkeit zur Schau stellen.

So angepasst würde man sich schnell in die westdeutsche Republik integrieren können. Aber das fiel den meisten Ossis verdammt schwer! Sie merkten allmählich, dass sie von einer Unfreiheit in eine andere gewechselt waren. Das musste zu Problemen führen. So hatte man sich das nicht vorgestellt.

Man fing an zu murren, wählte nicht die die man vorgegeben wählen sollte und zeigte sich in den Augen der Wessis zunehmend undankbar!

1.7 Lügen des Kapitalismus

Lüge 1:
Sind Demokratie und die sogenannten bürgerlich-demokratischen Republiken des Kapitalismus auf Dauer miteinander vereinbar?

Die Mehrzahl der bürgerlich- demokratischen Republiken nimmt für sich in Anspruch in allen Belangen demokratisch zu sein. Sie behaupten immer wieder, dem wesentlichen Anspruch der bürgerlichen Demokratie, der Gewaltenteilung, stets gerecht zu werden.
Funktional wird dabei zwischen der gesetzgebenden Gewalt (Legislative), der ausführenden Gewalt (Exekutive) und der rechtsgeltenden Gewalt (Judikative) unterschieden. Realisiert wird das von unabhängigen Staatsorganen den Parlamenten, Regierungen und Gerichten.

Ziel ist es, die Konzentration und den Missbrauch politischer Macht zu verhindern. Soweit die Theorie!

Wurde man diesem Anspruch bezüglich der Gewaltenteilung in der früheren BRD gerecht? Leider nein! Es gibt viele Beweise, dass man dieses demokratische Grundprinzip absichtlich verletzte. Die bürgerlich- demokratischen Republiken waren nur scheinbar demokratische Staatsgebilde. Es herrschte nicht das Volk. Die Bevölkerung hatte keine direkte Entscheidungsvollmacht bezüglich aller bedeutsamen

politischen Fragen. Erst über die Umwege von Parlamenten, Parteien und Abgeordneten hatten die Staatsbürger in begrenztem Maße die Möglichkeit Entscheidungen zu beeinflussen. Diese Demokratien wurden als repräsentative Demokratien bezeichnet.
Die Frage ist nur, wen sie repräsentierten? Als Parlament das Volk? Mit Sicherheit nicht! Die Lebenswirklichkeit bewies immer wieder, dass sie die Entscheidungen der Regierungen und der sie tragenden Parteien nur noch abnickten.

Die eigentlich Mächtigen waren die Besitzer des Kapitals, die Aktionäre! Sie bestimmten die Grundrichtungen der Politik, indem sie mit Hilfe ihres Kapitals oft bis ins Detail die politischen Entscheidungen zu ihren Gunsten, der weiteren Kapitalanhäufung, fällten. Falls erforderlich, und das geschah nur zu oft, hoben sie die Gewaltenteilung auf. Sie benutzten die Legislative, Exekutive und Judikative einzeln und in Verknüpfung, um ihre politischen Ziele durchzusetzen.
Die Vertreter der drei Säulen der repräsentativen Demokratie wurden von den Mächtigen in die jeweiligen Funktionen gebracht, durch die Lobbyisten der Wirtschaft beeinflusst und durch Versprechungen, später nach dem Einsatz in der Politik, einen finanziell lukrativen Posten in der Wirtschaft zu erhalten, korrumpiert und gekauft.
Auch die gesetzlich genehmigten Parteienspenden von Firmen bzw. von einzelnen Personen, die ihren Reichtum aus ihrem Firmenbesitz und den Gewinnen generierten, sicherten ganz wesentlich den Einfluss auf die Politiker. Mit der Annahme von Spenden wurden sie zumindest in die Pflicht genommen, die Interessen der Geldgeber wahrzunehmen. Es ist sicher wie im ganz normalen Leben,

wenn mir jemand etwas schenkt, dem fühle ich mich zum Dank verpflichtet!

Die Gewaltenteilung also stand nur auf dem Papier.
Die bürgerlich- demokratische Republik war in Wirklichkeit keine Demokratie, sondern eine Diktatur des Geldes. Nur die Vertreter des Geldes bestimmten letztendlich die Politik des Staates.

Lüge 2:
Kapitalismus und soziale Marktwirtschaft - sind sie miteinander zu vereinbaren?
In der Beziehung der Wörter "soziale Marktwirtschaft" verbürgt sich mindestens eine gravierende Unwahrheit und ein schier unüberwindbarer Gegensatz. Produkterzeugung, als Wertschöpfung bezeichnet, ist eine der beiden Seiten der Wirtschaft. Diese ist im Kapitalismus untrennbar mit der anderen, der ungezügelten Anhäufung von Maximalprofit, verbunden. Diese Interpretation begründet trotzdem noch nicht die unsoziale Wirkung der Marktwirtschaft. Erst die überwiegende, mittlerweile schon fast ausschließliche Gewinnverteilung zugunsten einer Minderheit, der Aktionäre bzw. der privaten Geldgeber, schließt das Soziale in der Marktwirtschaft endgültig aus. Letztendlich verharmlost das Wort Marktwirtschaft, was heute darunter zu verstehen ist. Es geht eben nicht mehr um den unmittelbaren Tausch von Ware und Geld, möglichst noch auf einem Markt alten Stils, sondern fast immer um den Produktverkauf mit einer möglichst hohen Gewinnmarge. Der Besitzer der Produktionsmittel entscheidet allein darüber inwieweit und in welchem Umfange er dann seine Mitarbeiter am Gewinn beteiligt.

Was ist dabei noch sozial? Natürlich nichts! Die soziale Marktwirtschaft ist so lange unsozial, wie die Gewinnverteilung soziale Lebensverhältnisse für die Mehrheit der Bevölkerung verhindert oder stark beeinträchtigt.

Was heißt sozial? Gesellschaftlich, erweitert: gemeinnützig, hilfsbereit und barmherzig.
Diese verkürzte Darstellung nach Wikipedia bedarf natürlich einer weiteren Erläuterung. Sozial bedeutet für jeden von uns ohne Sorgen in und mit der Familie und in der Gesellschaft leben zu können.
Niemand muss Angst haben seinen Arbeitsplatz zu verlieren, zu hungern, nicht die Schule besuchen zu dürfen, als Soldat in einem furchtbaren Krieg sterben zu müssen und ausgegrenzt auf Grund seiner ethnischen Herkunft zu werden.
Das ist das Mindeste was den Sozialstaat ausmacht. Dort wo aber unangemessen das Geld vorwiegend in die Taschen einiger Weniger fließt, wird das soziale Verhalten der Menschen in der Gesellschaft gravierend gestört sein und abgleiten in die Diktatur des Geldes.
In so einer Gesellschaft bleibt wenig Raum für ein grundsätzlich soziales Verhalten. Der Kampf um den Mammon bricht alle Dämme der Gerechtigkeit und Barmherzigkeit im Umgang mit anderen Menschen.

Lüge 3:
Wurde in der BRD die Trennung zwischen Staat und Kirche vollzogen?
Die Präambel des Grundgesetzes, beginnend mit: "Im Bewusstsein seiner Verantwortung vor Gott und den

Menschen, von dem Willen beseelt, als gleichberechtigtes Glied in einem vereinten Europa dem Frieden der Welt zu dienen, hat sich das deutsche Volk kraft seiner verfassungsgebenden Gewalt dieses Grundgesetz gegeben".

Bereits der Anfang der Präambel ist der Beleg dafür, dass die christlichen Religionen und Kirchen mit dem wichtigsten Gesetz des Staates fest verbunden wurden. Eine Trennung von Staat und christlichen Kirchen gibt es demzufolge nicht einmal auf dem Papier! Weitere Fakten beweisen die beidseitig gewollte Verbindung zwischen dem Staat und den christlichen Kirchen in der BRD:
In einigen der Bundesländer wird heute noch der christliche Religionsunterricht in staatlichen Schulen durchgeführt.
In manchen Bundesländern schmücken teilweise auch Kirchenkreuze der Christen die Unterrichtsräume in Schulen, in behördlichen Dienststellen und staatlichen Einrichtungen.
Markus Söder, der 2018 neu gewählte Bayerische Ministerpräsident, verkündete, dass ab Juni des gleichen Jahres in Bayern in allen staatlichen und öffentlichen Einrichtungen, Kirchenkreuze anzubringen sind. Er erteilte einen Erlass unter der "Maßgabe der kulturellen Prägung" und bezog sich dabei auf die Verfassung des Freistaates Bayern. Das war wohl eher eine populistische Festlegung um stark rechts orientierte und christliche Wähler für die Landtagswahlen 2018 in Bayern für die CSU zurückzugewinnen. Das passte nicht einmal Kardinal Reinhard Marx, den Vorsitzenden der Deutschen Bischofskonferenz. Entsprechend des Grundsatzes, dass in der BRD Staat und Kirche getrennt sind, haben Kirchen -

und Religionssymbole in solchen Einrichtungen nichts zu suchen. Bayern muss anerkennen, dass es auch unter dem "Dach" des Grundgesetzes existiert. Übrigens 64 Prozent aller Deutschen bestätigten in einer repräsentativen Umfrage von Emnid, (vom April 2018), dass Kirchenkreuze in behördlichen Einrichtungen nicht angebracht werden sollten. Selbst die Mehrheit der Katholiken schlossen sich dieser Meinung an. Schlimm ist, dass Söder damit das deutsche Grundgesetz für die Erreichung seiner politischen Ziele missbrauchen wollte, indem er Landesrecht über Staatsrecht stellte, denn als Bayern sind sie zuerst und vor allem deutsche Staatsbürger! Im Gegensatz zum Erlass von Söder, ist das wohl tatsächlich eine kulturelle Prägung!

Noch schlimmer:
Die katholische Kirche hatte 2016 immer noch 22 eigene, nichtstaatliche Gerichte die insbesondere Strafverfahren und den Ehebruch verfolgten.

Die katholische Kirche maßt sich an, und das meist staatlich unge   rügt, Anstellungen und die Beschäftigung von Arbeitskräften von ihrer Treue zur katholischen Kirche abhängig zu machen. Wer sich als Katholik scheiden lässt, verliert danach oftmals seinen Arbeitsplatz in katholischen Einrichtungen. Das nur dem Staat unterstehende Arbeitsrecht ist ausschließlich vom Staat verantwortlich zu verwalten. Sonst wird die Kirche zum Staat im Staate!

Sind noch mehr Beweise für die unvollständige Trennung von Staat und Kirche in der BRD erforderlich? Ich glaube nicht! Auch aus diesem Grund war es ein gravierender

Fehler das Grundgesetz der BRD von 1949 bis zum 2.10.1990, für die Jahre nach der Wende, unverändert fortzuschreiben. Schon zu lange gibt es keine eindeutige Trennung von Staat und Kirche. Hätte man sie konsequent realisiert, wären solche Fragestellungen wie: "Gehört der Islam zu Deutschland" gegenstandslos gewesen.

Es gibt nur eine Lösung des Problems: Staat sowie Religionen und Kirchen, gleich welcher Konfessionen, gehören nicht zusammen und sind strikt zu trennen. Der Staat hat das Primat. Religionen und Kirchen sind auf der Grundlage der staatlichen Verfassung nach - und untergeordnet und die persönliche Angelegenheit jedes einzelnen Bürgers. Es ist auch nicht legitim und wenig überzeugend bezüglich der Einordnung des Christentums im heutigen Deutschland diesbezüglich eine Ausnahme gegenüber anderen Religionen zu machen.
Wir leben nicht in der Vergangenheit! Bei aller Bedeutung der Historie, nicht alles was das Leben der Deutschen in den vergangenen Jahrhunderten prägte, ist nachahmenswert, gehört in die Jetztzeit oder sollte sich in unserer Zukunft wiederfinden! Ich erspare uns erklärende Beispiele zu nennen.

Erinnert sei aber daran:
Bereits 2015 bestätigten laut repräsentativer Umfrage nur noch 39 Prozent der Bevölkerung eine religiöse Bindung zu den christlichen Kirchen. Was ist das für eine Demokratie, wenn sich 61 Prozent der Bevölkerung, Tendenz von Jahr zu Jahr steigend, einer Minderheit unterwerfen sollen?

Die deutliche Mehrheit des Volkes lebte bereits zu dieser Zeit nicht mehr in der Verantwortung gegenüber Gott!

1.8 Fehlende Visionen

Visionen sind etwas in die Zukunft Gerichtetes. Sie sind der Versuch nach vorn zu schauen, um herauszufinden was uns demnächst erwartet und die Beschreibung dessen was wir erreichen können und wollen. Aber aus dem Erkennen der Gegenwart kann man nicht unbedingt in Konkretheit die Zukunft ablesen, es werden uns besten - falls Hinweise gegeben, wohin die Entwicklung gehen kann. Trotzdem brauchen die Menschen Orientierung für die persönliche Motivierung, um mit Zielstrebigkeit das zu tun, was sie in ihrer Entwicklung voranbringt. Das betrifft jeden Einzelnen genauso wie die gesamte Gesellschaft.
Werden Visionen allmählich ersetzt durch belastbare Erkenntnisse für die Gestaltung des Zukünftigen, dann entwickeln sich daraus Konzeptionen. Diese können tatsächlich zur Basis für Veränderungen werden. Die Umsetzung von Konzeptionen, vor allem im Hinblick tiefgreifender gesellschaftlicher Reformen, bedürfen der Einbeziehung großer Teile der Bevölkerung. Dabei ist missionarischer Eifer unangebracht, aber Zielstrebigkeit und Überzeugungskraft von Nöten. Dem Einzelnen und am Ende Vielen gilt es mit Hilfe von Vergleichen die Vorteile von Veränderungen überzeugend nahe zu bringen.

Nicht jedem gelingt es Visionen zu entwickeln und sie zumindest anteilig in Konzeptionen umzusetzen. Solche Menschen frönen alternativ meist einen ausgeprägten, aber vorsichtigen Pragmatismus. Sicher ist es auch gefährlich öffentlich über Zukünftiges nachzudenken, vor allem weil man dann oft zu schnell an den gemachten Verlautbarungen gemessen wird und zu diesem Zeitpunkt meist noch nicht in der Lage ist, oder objektiv sein kann, diese programmatisch umzusetzen. Viel schlimmer ist es aber zu warten, bis das Notwendige einem auf die Füße fällt. Dieses Vorgehen verlangsamt die Entwicklung, ja es führt fast zur Lähmung des Denkens und Handelns. Für die betreffende Person hat es den Vorteil, dass man kaum sicht- und spürbare Fehler macht und fast keinen Widerstand gegen den eigenen Führungsstil verspürt. Problematisch wird das Ganze, wenn die Sache selbst aus sich heraus nach Veränderung verlangt. Dann wird nur zu oft der pragmatische Führungsstil von den Ereignissen vor vollendete Tatsachen gestellt oder sogar von Ihnen überrollt.

Wiederholt sich das mehrfach, verliert vor allem politische Führung sehr schnell ihre Glaubwürdigkeit bei ihrem Wahlvolk und sogar in der eigenen Partei. Diesen Führungsstil konnte man bei Bundeskanzlerin A. Merkel zunehmend beobachten. Fehlende Visionen gebären keine Konzeptionen und keine für andere verlässliche Meinung. Man wird zum Spielball des eigenen hin und her. Alsbald werden einen die ständigen Wandlungen in den eigenen Aussagen und den nachfolgenden Entscheidungen zu Recht vorgeworfen.

Ständiges Aussitzen, Anpassen, das Übernehmen der Aussagen anderer und dann das Verbreiten als eigenes Konzept, bereitet das Ende der eigenen Karriere vor. Das kann das Volk, inklusive der eigenen Partei, noch hinnehmen, aber nicht die damit verbundene Lähmung der Entwicklung des Staates bzw. der Gesellschaft.

1.9 Typische Verhaltensweisen in Deutschland – West

1.9.1 Grundsätzliches

Persönliche Wahrnehmung ist stets subjektiv. Sie vereint in sich das Abbild des anderen. Dieses wird wesentlich beeinflusst durch mich selbst mit Hilfe meiner Erfahrungen, meines Wissens und meines Charakters. Die Deutung und Bewertung der gemachten Wahrnehmungen sind abhängig von der Nähe des anderen zu meinem eigenen Ich. Gleiche Lebensverhältnisse führen zu prinzipiell gleichen oder mindestens ähnlichen Verhaltensweisen, durchaus auch von unterschiedlichen Menschen. Deshalb werden sich Ostdeutsche untereinander, vor allem anfänglich, besser verstehen als mit Westdeutschen. Aus Sicht der Westdeutschen ist es ähnlich. Auf Dauer sind das keine unüberwindbaren Probleme, wenn man allmählich und bewusst Vorbehalte abbaut und den anderen zu verstehen versucht.

1.9.2 Mehr Schein als Sein

Vielleicht ist es Zufall oder auch nicht. Sein und Schein werden in der deutschen Sprache bis auf zwei Buchstaben identisch geschrieben, ohne dass sie das Gleiche ausdrücken. Aber Ähnliches vermitteln sie trotzdem. Das Sein widerspiegelt unser Dasein. Der Schein reflektiert Hoffnung, die erst noch Realität werden soll. Damit bleibt der Schein weiter von der Realität, der Wahrheit, entfernt als das Sein.

Die Westdeutschen bedienen sich sehr oft des Scheins, wenn sie jemanden gegenübertreten. Um andere zu überzeugen verringert man den Wahrheitsgehalt der Aussage, obwohl man sie aufbläht. Dazu dienen nicht nur die gesprochenen Worte, sondern auch Gestik, Mimik und das eigene Äußere.

Mein Gegenüber merkt das oft nicht und nimmt den Schein als Sein wahr. Da der Schein Realitätsfernes enthält, ist seine Lebensdauer gegenüber dem Sein deutlich begrenzt, denn nach und nach wird der Schein von der Wirklichkeit eingeholt. Verwendet man gehäuft den Schein als Kommunikationsmittel, verliert man auf Dauer seine Glaubwürdigkeit. Volkstümlich ausgedrückt wird man zum Aufschneider oder gar zum Schwindler. Wollen das die Wessis? Ich meine nein! Warum verhalten sie sich zu oft trotzdem so überzogen? Einfach deshalb, weil sich die Werte der bürgerlichen Gesellschaft mit der fortschreitenden Kapitalisierung selbst zunehmend entwertet haben. Der Versuch der Widerspieglung der Wahrheit ist nicht mehr ein unumstößlicher Wert nach dem man sich richtet, sondern Erfolg und vor allem Gewinn bestimmen zunehmend ihr Erscheinen und Handeln.

Werte sind in keiner Gesellschaftsordnung etwas Statisches. Auch wenn die von der Gesellschaft langfristig anerkannten Verhaltensmuster durchaus ein hohes Maß an Stabilität besitzen, unterliegen sie auf Dauer auch Veränderungen. Meist entstehen mit der Veränderung von Gesellschaftsordnungen auch neue, andere Werte oder ihre Bedeutung verstärkt oder schwächt sich ab. Es gibt nichts auf unserer Erde was in Ewigkeit so bleibt wie es ist.

1.9.3 Gefährliche Staatsgläubigkeit

Glauben und Gläubigkeit haben als Ursache fehlendes Wissen. Wenn ich mir etwas nicht erklären oder das mir

Dargebotene hinsichtlich seines Wahrheitsgehaltes nicht überprüfen kann, bin ich bereit es zu glauben. Der Glaube kann der Realität entsprechen, teilweise, zeitweise oder auch nicht. Glauben ist meist mit einem Maß an Unredlichkeit behaftet und unterliegt oft dem Zweifel. Erst wenn das Glauben durch Erkennen in Wahrheit überführt wird, erreicht der Glaube die Qualität der Wirklichkeit, aber dann ist ja der Glaube kein Glaube mehr! Immer noch lebt es sich mit Hilfe des Glaubens für viele Menschen einfacher. Man muss nicht alles hinterfragen, um die Wahrheit an das Licht zu bringen. Warum soll man sich ständig anstrengen, wenn bereits eine scheinbare, glaubhafte Wahrheit vorliegt?

Was hat das mit dem bisherigen Leben der Westdeutschen zu tun? Sehr viel! Einfach deshalb, weil man systematisch durch Kirche und Staat daran gewöhnt wurde zu glauben. Wer verbleibt in kritischer Distanz zu Aussagen, Festlegungen und Gesetzen des Staates, wenn es Vielen Jahr für Jahr materiell - finanziell immer besser geht? Leider nur wenige! Letztendlich glaubt man mit zunehmender Bestimmtheit dem Glauben glauben zu dürfen oder vielleicht glauben zu müssen?! Leider war es so. Irgendwann wird jeder von der Wirklichkeit eingeholt. Auch gegenüber jeder Staatsdoktrin, gegenüber allen Religionen und Ideologien als System von Ansichten hat man dann endgültig das Vertrauen verloren, wenn einem immer öfter, erkennbar, die Unwahrheit als Wahrheit verkauft wird.

1.9.4 *Allmählich nachlassende kirchliche Folgsamkeit*
Immer weniger Menschen folgten im täglichen Leben in Westdeutschland der Orientierung von Religionen und schon gar nicht den Vorgaben ihrer Kirchen. Allein 2014

waren in Deutschland 487.719 Mitglieder aus den christlichen Kirchen ausgetreten. Der höchste Wert seit 1992! Laut einer repräsentativen Umfrage, veröffentlicht 2016, erkannten nur noch 4 Prozent der Bevölkerung Religionen als politischen und sozialen Wert im Vergleich mit 11 anderen wie Frieden und Demokratie an.

Die Meinungsbildung mit Hilfe des Denkens verdrängte zunehmend das Glauben. Im Jahre 2016 hatten bereits 61Prozent aller Deutschen keine religiöse Bindung mehr. (57 Prozent der Menschen in den alten Bundesländern und 81 Prozent der ehemaligen DDR- Bürger).
Die gedankliche Entfernung der Menschen von Religionen und Kirchen hat stetig an Geschwindigkeit zugenommen. Man lebt jetzt vorrangig auf der Grundlage von Erkenntnissen, Erfordernissen, Vorstellungen und Wünschen. Es wird schon so sein, wie der 14. Dalai-Lama, (Tenzin Gyatso), Anfang des 21. Jahrhunderts im übertragenen Sinne von sich gab: "dass alle Menschen Wasser brauchen, aber niemand Tee". Ist es nicht bemerkenswert, dass der "oberste Buddhist" ein derartiges Realitätsbewusstsein entwickelt hatte? Er war diesbezüglich viel weiter als die meisten Anhänger vieler anderer Religionen!
Das war von ihm kein Abschwören von der buddhistischen Religion, sondern eine realitätsnahe Einordnung von Notwendigkeit und Möglichkeit. Trotzdem sollte niemanden verboten werden dem Notwendigen auch das Mögliche hinzuzufügen!

1.9.5 Mehr Ich als Wir
Das Überleben verlangt von jedem Lebewesen eine egozentrische Grundhaltung. Letztendlich ist der eigene

Atemzug wichtiger als der des anderen. Diese Konsequenz ist kompromisslos anzuerkennen. Trotzdem sind die Menschen mit diesem scheinbar unsozialen Grundmuster des Verhaltens noch keine Individuen die unfähig sind mit anderen Menschen zusammenzuleben.

Im Gegenteil, die persönliche Unabhängigkeit schafft erst die Möglichkeit soziale Verbindungen herzustellen. Probleme können sich beim eigenen Lebensvollzug aus der Anteiligkeit vom "Ich - zum Wir - Verhalten" und umgekehrt ergeben. Eine dauerhafte und alleinige Dominanz eines ich- bezogenen Verhaltens ist genauso schädlich wie ein ausschließliches "Wir-Verhalten".

Allein bewältigt man viel Notwendiges und manches Erwünschte. Einiges Notwendige kann nur von einem selbst getan werden und unterliegt ausschließlich der eigenen Verantwortung und Entscheidung. Dazu gehören selbstverständlich alle lebenserhaltenden biologischen Vorgänge.

Das "Wir-Verhalten" steht dem Notwendigen nicht grundsätzlich im Wege. Sehr oft erweitert es die eigenen Handlungsmöglichkeiten zur Erreichung quantitativ und qualitativ anspruchsvollerer Ziele. Es stärkt die persönliche Leistungsfähigkeit, erwachsend aus der Verknüpfung von Fähigkeiten, Fertigkeiten aller und der Übernahme bewährter Erfahrungen anderer. Das gemeinsame Tun darf nicht mit wegschieben von Verantwortung auf einen anderen einhergehen. Erst wenn persönliche Verantwortung auch in der Gruppe durch jeden Einzelnen wahrgenommen wird, ist das "Wir-Verhalten" meist dem "Ich-Verhalten" überlegen, weil es Ziele schneller und leichter erreichen lässt.

1.9.6 Schweigen als Selbstschutz

"Reden ist Silber, Schweigen ist Gold" ist eine der Grundregeln für das Zusammenleben der Menschen in der kapitalistischen Gesellschaftsordnung, die man ihnen als Eltern spätestens mit dem Schuleintritt vermittelt hat. Woher rührt das? Was ist dafür die Ursache? Warum hat es das Verhalten der Westdeutschen besonders geprägt?

Im Kapitalismus geht es nicht darum zu erzählen was man denkt, sondern das Mitzuteilen, was erwünscht ist, wenn man auf der Karriereleiter weiter nach oben steigen will. Geht man auf Konfrontation mit seinen Gedanken und teilt sie auch noch dem Vorgesetzten mit, gefährdet man die eigene Entwicklung.

Diesem gravierenden Problem kann man sich am besten mit Schweigen entziehen. Helfend kann auch sein, seinem Chef zu suggerieren, dass die eigenen Gedanken bereits von ihm gedacht wurden. So entwickelt man sich zum unentbehrlichen Helfer des Vorgesetzten.

Wird man etwas gefragt und soll vielleicht sogar noch eine Entscheidung fällen, antwortet man möglichst vorsichtig und unverbindlich mit: "Ist mir egal". Damit vermeidet man, dass man dem anderen vorgibt, was er zu machen hat. Also, nur nicht anecken und deshalb lieber schweigen!

Aber verträgt sich das Ganze mit der Beobachtung, dass in der kapitalistischen Gesellschaft besonders der Egozentriker, ja sogar der Egoist gefragt ist, wenn es um die Erlangung von Maximalprofit geht? Kommt man mit Schweigen an das große Geld? Ja und Nein! Je nach Situation! Man schweigt vorwiegend und arbeitet fleißig seinem Chef zu. Wird vom Vorgesetzten gewünscht, dass man sich äußern soll, packt man die Sache beim Schopfe, gibt alles und lässt trotzdem erkennen, dass der Chef den Sachverhalt doch viel besser erläutern kann. Erst wenn man selbst Chef geworden ist, muss man reden und entscheiden. Die Sache ist dann einfach, man weiß ja, dass man von den eigenen Mitarbeitern meist nicht kritisiert wird. Analysiert man weiter die Leitungs- und Mitarbeiterstrukturen der kapitalistischen Arbeitswelt, erkennt man ganz schnell, dass man es mit ausgeprägten Diktaturen zu tun hat. Von "oben" nach "unten" wird angewiesen und von "unten" nach "oben" wird geschwiegen oder leitungskonform geantwortet und gearbeitet. Nur so viel zur politischen und ökonomischen Übereinstimmung der Systeme im früheren real existierenden Sozialismus und dem (Noch) - Kapitalismus der BRD!

1.10 Typische Verhaltensweisen in Deutschland – Ost

1.10.1 Unterentwickeltes Selbstbewusstsein und falsche Bescheidenheit

Warum wurden die Ostdeutschen mehrheitlich von solchen Verhaltensweisen geprägt? Es war das Ergebnis von Erziehung auf der Basis der Ideologie der DDR. In den 41 Jahren des Bestehens dieses Staates hatten wir uns immer mehr daran orientiert auch diesbezüglich staatskonform zu verhalten, einfach deshalb, weil unterentwickeltes Selbstbewusstsein als erwünschtes Verhaltensmuster verbunden war mit der Wertvorstellung, dass eigene "Ich" meist dem "Wir", unterzuordnen. Die Gemeinschaft zählte eben mehr als der Einzelne. Trotzdem entspricht es nicht der vergangenen Wirklichkeit, dass die Ossis grundsätzlich ohne Selbstbewusstsein waren. Unterschiede ergaben sich zwangsläufig aus dem Charakter jedes Einzelnen. Übrigens ist genau dieser Punkt der Beleg dafür, dass es zum Glück nie eine hundertprozentige gedankliche Gleichschaltung der Bevölkerung eines Staates geben wird und geben kann, auch nicht in ausgeprägten Diktaturen.

Für das Leben in der DDR war dieses Verhaltensmuster sicher von Vorteil, was auch das egoistische Verhalten des Einzelnen zurückdrängte und solidarisches und soziales Verhalten deutlich förderte.

Nach der Wende wurde dieses unterentwickelte Selbstbewusstsein für manchen Ostdeutschen zum Nachteil.

Den allgegenwärtigen Verdrängungswettbewerb waren wir einfach nicht gewöhnt. Wir agierten meist nach dem Verhaltensmuster: "Bitte nach dir". Vordrängeln und die Ellbogen breit machen, entsprachen nicht unserem Denken und Handeln. Unser meist bescheidenes Auftreten, wurde von den "Siegern der Geschichte" oftmals schamlos ausgenutzt, aber auf keinen Fall honoriert.

Summa Summarum: Es ist nicht gut das eigene Licht unter den Scheffel zu stellen, aber genauso nachteilig kann übertriebenes Selbstbewusstsein sein, das jede Bescheidenheit vermissen lässt, wie es von zu vielen Brüdern und Schwestern aus dem Westen auch oder vielleicht besonders nach der politischen Wende gegenüber den Ossis praktiziert wurde.

1.10.2 Kritisches Verhalten als Staatsbürger
Konnte die DDR, postuliert als Diktatur des Proletariats, überhaupt zum Nährboden für kritisches Verhalten für eine ständig wachsende Zahl von Bürgern gegen ihren Staat werden, die letzten Endes 1989 die friedliche Revolution gebar? Nach dem Verständnis der "Politoberen" des 1. Arbeiter - und Bauernstaates auf deutschem Boden, sicher nicht. Sie wähnten sich in der Überzeugung, dass sie mit ihrer Politik mit der Bevölkerung grundsätzlich im Einklang waren. Kritik hatte man also nicht zu fürchten. Sie erkannten dabei nicht, dass die "Ruhigstellung" der meisten Bürger nicht freiwillig erfolgte, sondern das Ergebnis von politischen Vorgaben, von Kontrolle, Bespitzlung und auch von Bestrafung war.
Eine Weile ertrug man das. Aber auf Dauer war das Volk nicht mehr gewillt, die das tägliche Leben beeinflussenden

Mängel an Vielem und die persönliche Einengung auf das Gebiet der DDR, einfach so hinzunehmen. Viele Menschen schärften zunehmend ihren Blick und führten kritische Diskussionen, anfangs in vertrauter Runde. In der Gesellschaft verhielt man sich trotzdem noch angepasst zur Staatsdoktrin.

Aber bereits mit Beginn der achtziger Jahre des 20. Jahrhunderts traten die Wagemutigen aus ihrer Nische. So der Theologe Martin Schorlemmer, der mit einigen Kirchenvertretern unter dem Motto "Schwerter zu Flugscharen" für die Erhaltung des Weltfriedens an die Öffentlichkeit trat.

Wie so oft, ist erst einmal der Bann gebrochen, in dem Einige vorangehen, beflügelt das Weitere die mit Nachfolgenden zu einer immer größeren Anzahl werden. Parallel dazu entwickelte sich die Kritik. Obwohl der Staat die Zügel deutlich anzog, hatten immer mehr Bürger Mut sich auch in der Öffentlichkeit kritisch zu äußern. Volk und Staat waren auf dem Weg der Trennung. Das Ergebnis ist bekannt!

Dieser mit der Wende entstandene erfolgreiche kritische Geist ist auch nach fast 30 Jahren bei den Ostdeutschen nicht wieder verschwunden. Im Gegenteil, die Hoffnung sich nun im zusammengefügten, gemeinsamen, besseren Deutschland zu befinden, musste schon alsbald wieder aufgegeben werden. Man fühlte sich schnell wieder dort wo man schon mal gewesen war. Die Rahmenbedingungen und Sachverhalte waren oft andere, aber unter dem Strich wuchs die Unzufriedenheit. Arbeitslosigkeit und spürbare Benachteiligung der Ostdeutschen auf vielen Gebieten entfachten erneut den noch vorhandenen kritischen Geist der Ossis!

1.10.3 Keine Rückkehr zu Kirche und Religionen
Bestimmt waren die Vertreter der christlichen Kirchen in der BRD überzeugt, dass es nach dem Anschluss der DDR an die BRD, zu einer raschen Wiederbelebung von Kirche und Religionen in Ostdeutschland kommen wird, vor allem auch deshalb, weil Pfarrer und andere Kirchenvertreter während der friedlichen Revolution den DDR- Bürgern auf vielerlei Art helfend zur Seite standen.

Besonders für sie muss die Entwicklung in den letzten fast 30 Jahren im Osten ernüchternd gewesen sein. Die erwartete Rückbesinnung der DDR- Bürger auf Kirche und Religion blieb aus. Statistisch gesicherte Erhebungen zeigen, dass auch knapp 30 Jahre nach der Wende nur ca. 20% aller Ossis Kirchenmitglieder sind. (Nach Untersuchungen von Wissenschaftlern der Universität Leipzig 2017/18). Hinzu kommt, dass wir bis heute Jahr für Jahr weitere Kirchenaustritte ungebremst zu registrieren haben.

Kirche und Religionen haben nicht wieder Fuß gefasst. Geblieben ist dagegen so manches Ritual aus DDR - Zeiten, wie z.B.: die Jugendweihe nach Abschluss der 8. Klasse als Gegenstück zu Konfirmationen in den evangelischen Kirchen.

Vergleichbare Entwicklungen hat es auch im Nachbarland Tschechien gegeben. Anders in Polen - dort war und ist der Katholizismus mit über 90% eine Art Staatsreligion. In Russland ist es fast zu einer Wiedergeburt der orthodoxen Kirche gekommen, auch gefördert vom russischen Staat. Die Ursachen für diese auseinandergehenden Entwicklungen in diesen Ländern zu beschreiben ist nicht einfach und sollte Gegenstand anderer Untersuchungen sein.

1.10.4 Das "Wir" hat (noch) Bedeutung

Warum besitzt das "Wir" bei den Ostdeutschen eine immer noch größere Bedeutung für das eigene Verhalten als bei den Westdeutschen?

Der sozialistische Staat mit seiner Ideologie, u.a. der erwünschten Zurückstellung des eigenen "Ich`s" gegenüber dem "Wir", hat das Verhalten der Ossis nachhaltig geprägt. Dabei war es für den Einzelnen nicht schwer sich dieses Verhalten anzueignen. Denn etwas, aufgefordert oder von selbst für die Gemeinschaft, also für das "Wir" zu tun, wurde grundsätzlich positiv empfunden und vor allem von anderen auch so bewertet. Man fühlte sich dabei als Helfer für andere und verdrängte damit auch das "Ich - Verhalten".

Diese ideologische Ausrichtung widerspiegelte zunehmend das Verhalten der Menschen in allen Gemeinschaften gleich ob in der Familie, in der Schulklasse oder im Sport - und anderen Vereinen.

Man lebte zunehmend in der Gemeinschaft für die Gemeinschaft und lernte es das eigene Ego hinten heran zu stellen.

Natürlich waren es auch bestimmte Lebensumstände die dieses Denken und Handeln für das Leben in der Gruppe stärkten. Einerseits gab es keine wirklichen materiellen Existenzsorgen für DDR - Bürger, die meisten fühlten sich durch den Staat gleich oder ähnlich bewertet, sodass man sich nicht besonders hervortun musste, um sich zu entwickeln und andererseits war jedem bewusst, dass man in einer materiellen und auch ideellen Solidargemeinschaft lebte, zu der es in diesem Staat keine Alternative gab. So simpel es klingen mag, je mehr man sich für andere einsetzte und half wo es nur ging, umso besser ging es einem selbst, dem eigenen "Ich".

1.10.5 Zu viel Offenheit kann schaden

Zuerst haben wir zu klären, was Offenheit für ein Verhalten verlangt.

Das Mindeste heißt zuhören. Danach folgen das Prüfen und Bewerten des Aufgenommenen und mündet darin ehrlich die eigene Meinung zu sagen, um sich damit für den anderen, den Gesprächspartner, erkennbar zu machen. Dieses Verhalten empfinden sehr viele als normal, andere lehnen diese Öffnung des eigenen "Ich`s" ab. Sie haben Angst, dass daraus für sie Nachtteile erwachsen.

Meine Erfahrungen sagen mir, dass Offenheit unter den Ostdeutschen viel mehr verbreitet war als unter den Westdeutschen, obwohl in der DDR die Obrigkeit die Offenheit von Menschen nicht belohnte, vor allem wenn sie Kritik zum eigenen Staat beinhaltete. Die Westdeutschen begegneten anderen meist mit viel weniger Offenheit. Die deutlich ausgeprägtere individuelle Verantwortlichkeit bremste die Offenheit bei der Begegnung mit ihnen, vor allem dann, wenn man dienstlich miteinander zu tun hatte oder darüber hinaus gehend, verbunden war.

Bestimmt ruft diese Darstellung bei so manchen Zweifel hervor. Aber es wäre falsch die eigenen Erfahrungen zu unterschlagen und das Leben in der früheren DDR pauschal zu verteufeln. Im Osten war grundsätzlich die

Einordnung in das politische System für alle Bürger verbindlich. Unter dieser Prämisse hatten viele kein Problem sich offen in einer von ihnen selbst ausgewählten Gruppierung von Gleichgesinnten zu verhalten. Im Westen war das anders. Unkontrolliert gab man selten etwas von sich, wie schon gesagt, man prüfte, inwieweit es einen selbst keine Nachteile bringen könnte.

2 Einiges zu Angela Merkel

2.1 Machtstreben und Machterhalt - Methoden, Wege und Ziele der Angela M.

Im Laufe der Zeit entlarvt sich jeder selbst. Auf Dauer beginnt man sich durch die immer wieder gebrauchten gleichen Verhaltensmuster ungewollt für andere erkennbar zu machen. Wer seine Meinung stets zurückhält und abwartet bis alle anderen ihre Stellungnahme artikuliert haben, um dann zusammenfassend die Mehrheitsmeinung locker und leicht als die Eigene zu verkaufen, kann nur zeitlich befristet andere überzeugen. Sicher ist es legitim sich der Mehrheitsmeinung anzuschließen, wenn die Argumente tatsächlich überzeugen, aber das zum uneingeschränkten Handlungsprinzip zu machen, mindert alsbald und zunehmend die eigene Glaubwürdigkeit.

Politische Führung verlangt vor allem: Ideengebung, Formulierung von Zielen, Erstellung von Konzeptionen, die Herausforderung von zielorientierten und kritischen Diskussionen mit möglichst Vielen, die Vorbereitung und Durchführung von Entscheidungen und die Leitung der praktischen Umsetzung des Angestrebten.

Der politisch Führende hat geradezu die Pflicht den eigenen Standpunkt darzulegen. Man macht sich damit erkennbar, verlässlich und stärkt damit das Vertrauensverhältnis zu seinen Parteifreunden, zu möglichst vielen Teilen der Bevölkerung, ja in einem bestimmten Maße zu seinen politischen Gegnern.

Ein solches Verhalten war Angela M. in ihrer Kanzlerschaft fremd. Sie war überzeugt, dass der Aufbau und der Erhalt der eigenen politischen Macht, dass schon beschriebene Verhalten von Aussitzen, nichts sagen, die eigenen Gedanken nicht erkennbar machen und dem Anschließen an die Mehrheitsmeinung, verlangt.

Vertraut man den Erkenntnissen der Psychologen besitzt A. M. ein besonders stark ausgeprägtes selbstverliebtes Verhalten. Sie glaubt nur an sich und nie an andere. Je intelligenter sich ihr andere in den Weg ihrer politischen Karriere stellten, umso rascher "räumte" sie diese weg.

Merkel war besonders erfolgreich beim Erklimmen ihrer Karriereleiter, weil sie ausgesprochen intelligent war. Aber Intelligenz ist nicht immer ein positives Merkmal, vor allem dann nicht, wenn sie gepaart wird mit Skrupellosigkeit und dem "ständigen Drehen nach dem Wind", wie der Volksmund es treffend ausdrückt. Den diesbezüglichen Höhepunkt ihres Verhaltens, erreichte sie als sie ihren "Ziehvater", den früheren Bundeskanzler Helmut Kohl, aus dem Weg schaffte. Die Details dazu sind hinlänglich bekannt!

Die durch Merkel verursachte Flüchtlingskrise im September 2015, weil unabgestimmt und nachfolgend unorganisiert, war der Anfang vom Ende ihrer politischen Karriere. Sie nahm entgegen ihres sonstigen Verhaltens, als "Ungeübte", selbst das Heft des Handelns in die Hand und scheiterte. Aus dem "Wir schaffen das", in Bezug auf die Integration der Flüchtlinge, wurde nun das Abschieben von Flüchtlingen zur wichtigsten Vokabel im politischen Alltag. Bereits im Januar 2016 kam es dann zur endgültigen Kehrtwende in der Flüchtlingspolitik durch die Verabschiedung von zwei verschärften Asylgesetzen. Kurz danach gab sie kleinlaut zu, dass sie sich mit ihren Entscheidungen zur Flüchtlingspolitik vertan hatte, und dass, falls es möglich wäre, sie die Entscheidungen vom September 2015 gern rückgängig machen würde. Und schon gar nicht würde sie weiter den inzwischen ausgehöhlten Slogan "Wir schaffen das" in den Mund nehmen. Als Künstlerin der Vernebelung hat sie inzwischen alles wieder ein wenig abgeschwächt. Noch vorsichtiger als sonst, agierte sie von nun an.

Mit dieser Wende verlor Merkel ein weiteres Stück an persönlicher Glaubwürdigkeit und Autorität. Sie näherte sich immer deutlicher der Volksweisheit: "Wer einmal lügt, dem glaubt man nicht".

So war es fast zu erwarten, dass die Bundestagswahl 2017 Merkel Stimmenverluste von ungefähr 9% einbrachte. Das war das schlechteste Bundestagswahlergebnis der CDU/CSU seit 1949! Es wundert kaum, dass sie als Spitzenkandidatin der stärksten Partei nicht mehr in der Lage war, bei den folgenden Konsolidierungsgesprächen zwischen CDU/CSU, FDP und den Grünen, einen Konsens für die eigentlichen Koalitionsgespräche herbeizuführen.

Besonders in herausragenden Führungsfunktionen reicht es eben nicht Gespräche zu moderieren. Notwendig ist es, ausgehend von einer Vision zur Weiterentwicklung Deutschlands, Ziele, Hauptaufgaben und die wichtigsten Wege zum Ziel zu beschreiben, gemeinsam zu diskutieren, zu erstreiten und letzten Endes, unter Einbeziehung der Bevölkerung zu entscheiden, aber das erwähnte ich ja wohl bereits!

Wer sich bisher wie Merkel immer anders verhalten hat, wird es in zugespitzten Situationen auch nicht können!

Was hinterlässt A. M. auf Dauer lähmender Politstil:
Eine in sich gespaltene Gesellschaft. Das Entstehen und immer weitere Erstarken der Rechtspopulisten, eine geschwächte Demokratie und ein Land in dem die Menschen immer ängstlicher in die Zukunft schauen.

Hatte Angela M. dafür sogar einen politischen Auftrag aus der eigenen Vergangenheit in der DDR?
Ich weiß es nicht und kann es deshalb nicht behaupten.
Verschwörungstheorien und Verdächtigungen bringen uns der Wahrheit nicht näher.

Allen zeigt es aber, dass allein der eigene Machterhalt in der Politik, kein zu akzeptierendes Ziel ist und am Ende des Weges die gesamte Bevölkerung in ein "schweres Fahrwasser" bringen kann.

Bezüglich A. Merkel sollte sich jeder selbst vertiefend informieren und nachdenken, um damit der Wahrheit noch näher zu kommen!

3 In der Zukunft angekommen

3.1 Grundpfeiler der Solidarische Republik Deutschland (SRD)

Die gesellschaftliche Entwicklung in Deutschland wird zu einer wirklichen Demokratisierung des Staates führen. Nachdem die "Parteiendemokratie" sich immer mehr zur Diktatur der Parteien entwickelte, indem die Volksmeinung sich bei der Gestaltung der Politik kaum noch wiederfand, wird bald der Zeitpunkt für grundsätzliche Veränderungen herangereift sein.
Der Souverän, das Volk, wird nicht mehr bereit sein, nur scheinbar demokratischen Regierungen zu folgen, die entgegen ihrer Aussagen zuerst und fast ausschließlich die Interessen der Reichen, vor allem der Großaktionäre, von weltweit agierenden Konzernen und Banken, vertreten.

Regierungen, die auf Dauer reiche Minderheiten unterstützen, werden letztendlich durch die immer ärmere und größer werdende Mehrheit von der Ausübung ihrer Macht verdrängt.

Das Volk entscheidet dann direkt über die Ziele und Grundsätze der Entwicklung.

Dem Wesen nach bleibt Deutschland auch in Zukunft ein kapitalistischer Staat höchster wirtschaftlicher Effektivität mit einem überwiegenden Anteil von Privatbesitz an Produktionsmitteln.

Die Wertschöpfung sichert die Existenz und Fortentwicklung des Staates, der Bevölkerung und jedes Einzelnen.

Bei der Verteilung wird die unterschiedliche Leistungsfähigkeit der Menschen berücksichtigt. Die Einkommensunterschiede zwischen ihnen führen einerseits nicht zu extremem Reichtum und andererseits nicht zu Armut, aber auch nicht zu demotivierender Gleichmacherei.

Gerechter als bisher wird das Leistungsprinzip bei der Wertschöpfung zur Anwendung gebracht. Zu große Unterschiede bei der Entlohnung entsprechen nicht den durchaus differierenden Arbeits- und Leistungsanteilen der Menschen an der Wertschöpfung.

Als Grundregel im Zusammenleben der Bevölkerung wird das Solidaritätsprinzip gelten.

Anders als in der vorherigen Phase des ungezügelten Kapitalismus wird dieser durch Staatsbetriebe ergänzt, die für einen Sozialstaat unerlässlich sind.

Das sind Firmen und Institutionen wie das Verkehrswesen, die Energieversorgung, alle Einrichtungen der Bildung und Erziehung von Kindergrippen, Kindertagesstätten bis zu Universitäten, das Gesundheitswesen und Pflegeeinrichtungen.

Diese und ähnliche Einrichtungen unterliegen nicht mehr dem ökonomischen Zwang des Kapitalismus, des Profitmachens, sondern sind "Serviceeinrichtungen" für die Bevölkerung.

Der geänderte Staatsname in "Solidarische Republik Deutschland", (SRD), entspricht nicht nur dem Willen der Mehrheit der Bevölkerung, sondern ist zu gleich Synonym für das Wesen des neuen Staates.

Das seit Gründung der BRD 1949 gültige Grundgesetz wird überarbeitet und in wesentlichen Punkten verändert. Aus dem Grundgesetz wird die Verfassung, gültig für alle deutschen Staatsbürger.

3.2 Aus dem Grundgesetz wird eine vom Volk bestätigte Verfassung

Die Zugehörigkeit der SRD zur Europäischen Union bzw. des Europäischen Bundesstaates, bei Wahrung der staatlichen Souveränität Deutschlands, wird durch ein Referendum des Volkes bestätigt.

Die SRD wird uneingeschränkt dem Erhalt des Friedens verpflichtet. Die Führung oder Beteiligung an Kriegen sind nicht gestattet.
Militärische Einsätze sind nur zur Abwehr von Angriffen auf das Staatsgebiet der SRD bzw. des Europäischen Bundesstaates und zum Schutze der Bevölkerung erlaubt.
Ausschließlich im Verteidigungsfall können nach Anforderung durch die UN deutsche Soldaten zeitlich begrenzt eingesetzt werden.
Alle Bundeswehreinsätze sind durch das deutsche Parlament zu genehmigen.
Deutschland ist am Aufbau einer gemeinsamen Europäischen Verteidigungsarmee beteiligt. Diese wird die Bundeswehr alsbald ersetzen.

Der Waffenexport in andere Staaten, außer an andere Europäische Bundesstaaten, ist verboten.

Das Volk ist der uneingeschränkte Souverän der SRD.

Die politischen Strukturen sind so zu gestalten, dass alle Grundfragen der Entwicklung des Staates und der Gesellschaft direkt durch die Wähler entschieden werden. Mindestens einmal im Jahr votiert die Bevölkerung über wichtige politische Fragen.
Volksentscheide benötigen zwei Drittel an Zustimmung für ihre Umsetzung.

Antihumanistische und die staatliche Sicherheit beeinträchtigende Befragungen und Entscheide, werden für Volksentscheide nicht zugelassen.
Alle Staatsbürger, Parlamente, Regierungen, Vereinigungen und Parteien haben ein Vorschlagsrecht für die Gestaltung der gesellschaftlichen Entwicklung. Sie leiten und organisieren die Umsetzung der Ergebnisse der Volksentscheide.
Bei Entscheidungen hat stets das Gemeinwohl des Volkes Priorität. Fußend auf dem Erhalt und der Förderung des Wohles aller, sind die individuellen
Persönlichkeitsrechte zu wahren.

Im Rahmen der vom Souverän geschaffenen Gesetze wird jeder Bürger geschützt und seine Unversehrtheit garantiert.

Rechte und Pflichten der Staatsbürger sind in Übereinstimmung zu bringen.

Die Erfüllung der Pflichten gewährleistet die Inanspruchnahme der Rechte.

Es wird das Wahlrecht in Einheit mit der Wahrnehmung der Wahlpflicht eingeführt.

Das Recht auf Arbeit und die Pflicht zu arbeiten werden uneingeschränkt verwirklicht und sind die Grundlage des zukünftigen Sozialstaates.

Die strikte Trennung von Staat und Kirchen/Religionen, gleich welchen Glaubens, wird vorbehaltlos umgesetzt und wirkt Polarisierungen in der Gesellschaft entgegen.

Die Freiheit im Denken wird garantiert. Gleichwohl ist Freiheit kein Wert der allein nach persönlichen Vorstellungen und Bedürfnissen determiniert werden kann, sondern sie ist zuerst und vor allem ein Begriff der auf der Basis der Verfassung und den
Bedingungen der jeweiligen Gesellschaftsordnung das soziale und individuelle Sein ermöglicht, fördert und begrenzt.

Das Verbot und die strafrechtliche Verfolgung aller nationalsozialistischen Parteien, Vereinigungen und nazistischen Äußerungen in der Öffentlichkeit und in den elektronischen Medien, sowie alle darauf hinweisenden Symbole werden konsequent und kompromisslos durchgesetzt.

3.3 Veränderte staatliche Strukturen für mehr Demokratie

Der Bundestag wird nach dem Votum der Bevölkerung zum bestimmenden staatlichen Organ. Die Wahl zum Bundestag erfolgt durch die wahlberechtigte Bevölkerung. Mit 16 Jahren erhält man das Wahlrecht und hat der Wahlpflicht nachzukommen. Mit 21 Jahren kann man selbst gewählt werden.

Der Bundestag wird nur noch aus 300 Abgeordneten bestehen. Die Wahl des Bundestages erfolgt aller 5 Jahre. 150 Abgeordnete werden von den demokratischen Parteien und nochmals die gleiche Anzahl parteiloser Kandidaten, aufgestellt auf der Basis von mindestens jeweils 3000 Unterschriften, von der Bevölkerung zur Wahl vorgeschlagen.

Während der Abgeordnetenzeit im Bundestag sind seinen Mitgliedern nebenher andere berufliche Tätigkeiten untersagt. Sie genießen keine Immunität mehr und können deshalb wie jeder andere Bürger unverzüglich juristisch belangt werden.
Nach spätestens zwei Legislaturperioden im Bundestag darf man nicht wieder für den Bundestag kandidieren.

Der Bundestag wählt die Mitglieder der Regierung und den/die Bundeskanzler/in.
Die Hälfte der Bundesminister darf keiner politischen Partei angehören. Neben dem/der Bundeskanzler/in leiten 16 Bundesminister die Ressorts: Inneres, Außenpolitik, Wirtschaft, Arbeit und Soziales, Verteidigung, Finanzen, Bildung und Wissenschaft, Kultur, Familie, Gesundheit und Sport, Verkehr und Bauwesen, Umwelt,

Landwirtschaft und Verbraucherschutz, Europäische Union bzw. Europäischer Bundesstaat, Vertretung im Staatenbund der Welt (UN) und die Koordinierungsstelle des Kanzleramtes.

Alle berufenen Minister haben für ihr Ressort die fachliche Qualifikation durch eine adäquate Berufsausbildung- bzw. Ausübung oder ein entsprechendes Studium nachzuweisen. Sie dürfen ihr Amt in unmittelbarer Folge zwei Legislaturperioden hintereinander ausüben. Danach kehren sie in die Berufstätigkeit zurück, können sich aber nach einer Pause von fünf Jahren erneut für ein Ministeramt bewerben und dann wieder bis zu zwei Legislaturperioden als Minister tätig werden.

Die Vergütung der Minister beträgt 80 bis 90 Prozent des Gehaltes des/der Bundeskanzler/s/in. Die Differenzierung erfolgt nach Anzahl der Dienstjahre als Minister.

Der Staat hat gegenüber allen Bundesministern nach dem Ausscheiden aus dem Ministeramt den Wiedereinstieg in das Berufsleben zu garantieren. Eventuelle Gehaltsreduzierungen sind durch den Staat bis zum Rentenantritt bis zu einer Höhe von 80 Prozent des Ministergehaltes auszugleichen.

Die SRD wird auch in Zukunft eine föderale Republik sein und sich aber nur noch aus fünf gleichberechtigten Bundesländern zusammensetzen.

Das Bundesland Norddeutschland wird aus den heutigen Ländern Schleswig - Holstein, Mecklenburg -

Vorpommern, Hamburg, Bremen und Niedersachsen bestehen.

Die Landeshauptstadt wird Hannover sein. In dem neuen Bundesland werden ungefähr 12 bis 14 Millionen Einwohner leben.

Berlin als Bundeshauptstadt behält den Status als eigenständiges Bundesland, wird aber durch das bisherige Bundesland Brandenburg, was Berlin umschließt, erweitert.

Etwa 7 Millionen werden dann ihren Hauptwohnsitz in dem neuen Bundesland haben.

Das neue Bundesland Mitteldeutschland wird die Bundesländer Sachsen - Anhalt, Sachsen, Thüringen und Hessen vereinigen. Die Landeshauptstadt wird Erfurt sein. Die Einwohnerzahl wird bei ca. 15 Millionen liegen.

Das Bundesland Westdeutschland wird mit ungefähr 22 bis 24 Millionen das einwohnerreichste Bundesland sein. Es vereinigt die früheren Bundesländer Nordrhein - Westfalen, Rheinland - Pfalz und das Saarland.

Im Süden begrenzt das Bundesland Süddeutschland die SRD. Es setzt sich aus dem heutigen Bayern und Baden - Württemberg zusammen. 22 bis 23 Millionen Menschen werden in dem neuen Bundesland zu Hause sein. Die Landeshauptstadt wird München.

Der Bundestag wird vom Bundestagspräsidenten und seinen Stellvertretern geleitet. Der Bundestagspräsident übt in Persona auch das Amt des Bundespräsidenten aus.

Die außenpolitische Repräsentanz der SRD wird vom Bundesaußenminister wahrgenommen.

Der Bundesrat bleibt die Länderkammer der SRD. Die jeweiligen 5 Ministerpräsidenten der Länder bilden allein die Länderkammer. Sie haben das Recht und die Pflicht die Entscheidungen des Bundestages zu bestätigen oder zur erneuten Behandlung an den Bundestag zurückzuverweisen. Außerdem haben die Mitglieder des Bundesrates die Möglichkeit eigene Vorschläge zur Entscheidungsfindung in den Bundestag einzubringen. Im Bundesrat werden Entscheidungen mit einfacher Mehrheit gefällt.

Die 5 neuen Bundesländer werden Länderparlamente mit einer halbierten Anzahl von Abgeordneten gegenüber der Anzahl von 2017 sein.

Die Hälfte der Abgeordneten sind parteilose Bürger, die auf Grund ihrer Leistungen und ihres Verhaltens von Menschen ihres Umfeldes zur Wahl vorgeschlagen werden.

Eine Landtagskandidatur erfolgt erst, wenn für den Kandidaten mindestens 3000 Unterschriften der Befürwortung gesammelt wurden.

Die andere Hälfte der Abgeordneten wird durch die demokratischen Parteien zur Wahl vorgeschlagen.

Die fünf Länderparlamente tagen zeitgleich nur viermal pro Jahr jeweils an Wochenenden.

Die Abgeordneten sind während ihrer Abgeordnetenzeit weiterhin in ihren Berufen tätig. Ihre Tätigkeit wird nicht bezahlt. Sie erhalten lediglich eine Spesen - und Reisekostenerstattung.

Ein Abgeordnetenmandat kann man maximal für zwei aufeinanderfolgende Legislaturperioden erhalten. Eine Landtagsperiode dauert 5 Jahre. Der Wahltermin ist mit dem der Bundestagswahl identisch.

Der Ministerpräsident und seine 10 Regierungsmitglieder werden von den Mitgliedern der Länderparlamente vorgeschlagen und gewählt. Ihre Amtszeit darf ebenfalls nur zwei Legislaturperioden zu je fünf Jahren betragen. Die Mitglieder der Landesregierungen sind Angestellte ihres Bundeslandes. Die Länder haben die Pflicht nach dem Ausscheiden aus der Landesregierung jedem bisherigem Regierungsmitglied berufliche und finanzielle Sicherheit zu gewährleisten.

Die Länderregierungen leiten die hauptamtlichen Verwaltungen der Land- und Stadtkreise an. Sie haben ihnen gegenüber eine umfassende Kontrollpflicht.

Städte mit mehr als 3000 Einwohnern werden von direkt gewählten, hauptamtlichen Bürgermeistern sowie von ehrenamtlichen Stadträten und dem hauptberuflich tätigen Fachpersonal verwaltet.

Die Kompetenzen für Bund, Land, Kreis und Stadt werden neu geregelt. Ein Großteil der Entscheidungen wird auf die Ebene "darunter" verlegt, um beim Regieren die erforderliche Bürgernähe zu sichern.

Aus "Betroffenen" werden zunehmend "Entscheider in eigener Sache". Unter die "Bundeshoheit" fallen neben den bisherigen Bereichen insbesondere Bildung und Erziehung, die Wissenschaft und die Polizei in ihrer Gesamtheit.

3.4 Erneuerung der gesellschaftlichen Wertvorstellungen für das Zusammenleben der Deutschen

3.4.1 Werte und Interessen

Oft werden im Sprachgebrauch die Begriffe Werte und Interessen synonym gebraucht, absichtlich und manchmal auch aus Unwissenheit. Dabei haben diese Wörter unterschiedliche Bedeutungen. Werte sind die tatsächlichen Aspekte der Moral. Sie sind qualitative Merkmale von Verhaltensweisen, die von den Menschen als solche dauerhaft anerkannt werden, weil sie ihnen im umfassenden Sinne eine friedensstiftende, humanistische Orientierung vermitteln.

Interessen können jeder Zeit wechseln. Sie sind von Absichten abhängig, können humanen - und antihumanen Zielen dienen und moralischen Werten gerecht oder nicht gerecht werden.

Die sehr oft durch die Politiker hinausposaunten "westlichen Werte" oder auch von ihnen als "Werte des Abendlandes" bezeichnet, die man gern anderen Staaten als Leitlinien aufzwingen möchte, sind fast immer darauf gerichtet, die eigenen politischen Interessen durchzusetzen. In zu vielen Fällen sind sie nur von den Profitinteressen des Kapitals geprägt. Belege dafür sind der Waffenexport, die kriegerischen Auseinandersetzungen um Rohstoffreserven, die Expansionspolitik zur Ausdehnung des Machtbereichs von Staaten und selbst die Flüchtlingspolitik erfüllt eigene Interessen, nämlich junge, billige Arbeitskräfte massenhaft zu rekrutieren und damit auch dem demographischen Wandel der Gesellschaft entgegenzuwirken.

Leider dienen Interessen meist nur der Erfüllung eigener Ziele und seltener dem notwendigen Interessenausgleich zwischen Menschen, Gruppen, Gesellschaften und Staaten.
Interessen können vermittelnd wirken, wofür die erste Hälfte des Wortes steht, gleichzeitig besitzen Interessen durchaus auch egozentrische Züge, indem es um die Durchsetzung der eigenen Ziele, Wünsche und Hoffnungen geht.

Im Herbst 2015 wurde in der BRD eine repräsentative Umfrage zur Beurteilung von vorgegebenen politischen und sozialen Werten durchgeführt.

Im Ergebnis ergab sich folgende Rangfolge der Zustimmung:
(Angaben in Prozent)

Rang	Werte	Zustimmung
1.	Frieden	58
2.	Menschenrechte	44
3.	Demokratie	34
4.	Freiheit des Einzelnen	32
5.	Respekt gegenüber menschlichem Leben	26
6.	Toleranz	19
7.	Rechtsstaatlichkeit	18
8.	Solidarität, Unterstützung anderer	11
9.	Gleichheit	7
10.	Selbstverwirklichung	6
11.	Respekt gegenüber anderen Kulturen	5
12.	Religion	4
13.	Nichts davon	1
14.	Weiß nicht	0

Diese Rangfolge fordert aus vielerlei Gründen die Diskussion heraus. Die Differenzierung in politische und soziale Werte wirft die Frage auf, ob es nicht auch Werte mit dem Anspruch auf Allgemeingültigkeit gibt?
Verkörpern nicht Tätigkeiten wie lieben, helfen, teilen, verzichten und verbessern solche alles überragenden Werte?
Und haben nicht auch die Freiheit des Denkens, die Redefreiheit, die Glaubensfreiheit, die Gerechtigkeit, die Wahrung von Toleranz und Anstand gegenüber anderen Menschen, der Schutz von Leben und der Anspruch auf körperliche Unversehrtheit, ihre Qualität als unverzichtbare Werte für die Menschen immer wieder bestätigt?
Ich denke schon! In ihnen finden sich auch die politischen und sozialen Werte wieder.
Spezifizierte Werte können auch der Gefahr unterliegen ihre Qualität zu verlieren und in reine Interessen abzugleiten.

Die dargestellte Rangfolge der politischen und sozialen Werte ist das eindeutige Spiegelbild des Verhaltens der Menschen im Kapitalismus. Nur so ist zu verstehen, dass die Solidarität bzw. die Unterstützung anderer, mit einem Votum von nur 11 Prozent sich ziemlich weit hinten in der Rangfolge wiederfindet.
In einer von Maximalprofit getriebenen Gesellschaft ist eben Solidarität kein alles bestimmender Wert, schon gar nicht in der Arbeitswelt. Wer kaum Solidarität erfährt, wird auch nur selten andere unterstützen!
In der Umfrage werden einige Begriffe als Werte zur Beurteilung vorgegeben, die meiner Ansicht nach nicht die erforderliche Qualität dafür haben.

Vorher ist deshalb zu erklären: Wie entstehen und was beinhalten Begriffe, dass man sie als Wert bezeichnen kann?

Werte entstehen aus Bewerten. In der gesellschaftlichen Entwicklung entstandenes Bewährtes, immer wieder Verwendbares, Nutzbringendes, Humanes, für die gesellschaftliche Weiterentwicklung Unverzichtbares, erlangt die zunehmende und allgemeine Anerkennung durch die Menschheit.

Das Bewährte wird zum Wert mit dauerhafter Symbolkraft. Es wird nicht in Frage gestellt, sondern als Orientierung für das Verhalten und Handeln der Menschen genutzt.

Auf der Basis dieser Erläuterung kann Religion kein "Wert" sein. Nicht weil nur 4 Prozent der Befragten Religion als Wert beurteilt haben, sondern weil Religion eben nicht etwas Unverzichtbares für die Entwicklung der menschlichen Gesellschaft war, ist und zukünftig nicht mehr sein wird.

Die vom Judentum und den christlichen Kirchen verbreitenden "Zehn Gebote" waren über viele Jahrhunderte eine wichtige Orientierung für ein möglichst friedvolles Zusammenleben der Menschen.

Mit Beginn des Abschnittes der Aufklärung, zunehmend mit der Herausbildung der Nationalstaaten vorwiegend im 19. Jahrhundert und im Heute des 21. Jahrhunderts ersetzten und ergänzten staatliche Verfassungen oder Grundgesetze die "Zehn Gebote". Die übergroße Mehrheit der Bevölkerung in den europäischen Ländern ist dabei sich endgültig von den Religionen und christlichen Kirchen als Richtungsgeber für das eigene Leben abzuwenden.

Insbesondere das erste der zehn Gebote: "Ich bin der Herr, dein Gott. Du sollst keine anderen Götter haben neben mir", ist für immer mehr Menschen unakzeptabel. Man ist eben nicht mehr bereit ein Wesen über sich als "Wegweiser" anzuerkennen und sich unkritisch einem oder dem Glauben zu unterwerfen.

Ein Leben, ausgerichtet nach diesem ersten Gebot, bremst heute die Weiterentwicklung der menschlichen Gesellschaft und behindert das Suchen nach der Wahrheit.

Ähnlich sieht es mit der Demokratie als "Wert" aus. Unabhängig davon, dass man wohl noch streitet wie der Begriff Demokratie zu übersetzen ist, vereinfacht entweder mit "Volksherrschaft" oder als Strukturbegriff für die Leitung von Ortschaften im frühen Altertum, ist die Demokratie der Jetztzeit von zu vielen entscheidenden Mängeln behaftet, dass sie ein Wert an sich ist.

Die staatlichen Strukturen der BRD, anfänglich des 21. Jahrhunderts, entfernten sich immer mehr von einer tatsächlichen Volksherrschaft. In Wirklichkeit regiert nicht die Mehrheit des Volkes, sondern Parteien, die nur Minderheiten vertreten. Bei Bundestagswahlen und noch ausgeprägter bei Landtagswahlen tritt nur noch etwas mehr als die Hälfte des Wahlvolkes an die Urne um ein Votum abzugeben. Daraus folgt, dass aufgrund der Aufspaltung in Regierende und Opposition, letztendlich tatsächlich nur 20 bis 30 Prozent der Wähler die Regierungsarbeit stützen.

Es ist kein Wunder, dass sich die Bevölkerung mit ihrer Meinung immer weniger von den Regierungen vertreten fühlt. Die Unzufriedenheit wächst, mehr Menschen denn je demonstrieren regelmäßig für eine wirkliche Demokratie. Im Gegensatz zu anderen Staaten haben die Regierungsparteien der BRD Angst vor Richtungsentscheidungen durch kontinuierliche Volksbefragungen und vor der Einführung der allgemeinen Wahlpflicht.

3.4.2 Gewährleistung der staatlichen und persönlichen Sicherheit

Der Begriff Sicherheit lässt viele Deutungen zu. Gleich wie wir ihn verstehen und verwenden, in jedem Falle vermittelt er uns Menschen ein positives Gefühl. Der Gegenpol zur Sicherheit ist die Unsicherheit. Sicherheit bedeutet Stabilität im Positiven. Sie beruhigt, stärkt Hoffnungen und fördert das persönliche Wohlergehen. Mit Sicherheit lässt es sich gut leben.
Man fühlt sich nicht verunsichert oder ist gar ängstlich. Man hat oft ein bejahendes Lächeln auf den Lippen und legt sich selbst nach einem sehr anstrengenden Tag beruhigt schlafen.

Unsicherheit ist schwer zu ertragen. Man weiß nicht was einen als Nächstes erwartet. Man wird von den Problemen getrieben, statt den Weg selbst vorzugeben.
Unsicherheit hemmt und kann sogar lähmen. Sie ist kein Katalysator für persönliches Wohlergehen, sondern führt auf Dauer und im extremen Falle zum Persönlichkeitsverlust.

Sicherheit hat verschiedene Dimensionen.

Sie hat einen persönlichen, gesellschaftlichen und staatlichen Zuschnitt.

Für persönliche Sicherheit können wir nur begrenzt sorgen, da sie abhängig von den staatlichen, politischen und ökonomischen Verhältnissen ist, in denen wir leben. Die Realisierung der Fürsorge des Staates für den Einzelnen, insofern sie mit der Hilfe der jeweiligen Gesetzgebung gewollt ist, unterliegt Grenzen. Sicherheit hat besonders einen engen Zusammenhang zur Freiheit und umgekehrt. Ein "Mehr" an Sicherheit führt meist zur Verringerung der Freiheit und die Ausweitung fast immer zur Verringerung der Sicherheit. Beides sind Werte, die objektiven Grenzen unterliegen. Deshalb ist es wohl erforderlich sie in gegenseitiger Abhängigkeit zu gebrauchen, erst dann werden sie den Anforderungen des Lebens gerecht.

3.4.3 Persönliche Unversehrtheit / staatliche Existenz – Gewährleistung durch polizeiliche und militärische Kräfte

Die Bundeswehr wird integriert werden in die Verteidigungsarmee der EU bzw. des Europäischen Bundesstaates.
Bei etwa 500 Millionen Einwohnern der EU wird die SRD entsprechend seiner ca. 82 Millionen Menschen
ca. 16 Prozent der Soldaten und Offiziere stellen.

Jedes EU- Mitgliedsland rekrutiert eigene Polizeikräfte. Die Polizeidienste der SRD werden einheitlich geführt im Rahmen einer Struktur. Sie beinhaltet allgemeine Dienste, die Kriminalpolizei, den Staatsschutz als Nachrichtendienst nach innen und außen, den

Personenschutz, die Verkehrs- und Transportpolizei, den Zoll, Antiterrorkräfte und weitere Sondereinsatzkommandos.

Aus den Erfahrungen der Vergangenheit wird verstärkt eine lokale Polizeipräsenz organisiert, um tatsächlich und fühlbar die Sicherheit der Bevölkerung zu erhöhen.

Darüber hinaus werden die 5 deutschen Bundesländer keine eigene Polizeikräfte führen. Die Polizeikräfte der verschiedenen EU- Staaten sind eng miteinander verbunden. Sie haben eine umfassende, gegenseitige Informationspflicht in allen Tätigkeitsbereichen. Im Bedarfsfalle unterstützen sie sich nach Anforderung mit Personal.

Die europäischen Bundesstaaten schützen ihre gemeinsamen Außengrenzen mit einer Grenzpolizei die direkt der europäischen Bundesregierung untersteht.

Letztlich wird die Anzahl der Polizeikräfte in der SDR von etwa 250.000 im Jahre 2015 auf mehr als 320.000 allmählich erhöht werden.

3.5 Bildung und Erziehung

Bildung und Erziehung besitzen für jede Gesellschaft eine Schlüsselfunktion.

Sie sind untrennbar miteinander verbunden. Bildung ist die schöpferische Komponente und Erziehung das Maß der Dinge zur Steuerung des Verhaltens.

Bildung und Erziehung sind in Einheit von Forderung und Förderung zu realisieren. Im Ergebnis der pädagogischen Einflussnahme entstehen, entwickeln und festigen sich Wissen, Fähigkeiten, Fertigkeiten und das Verhalten der Menschen. In einer nach sozialer Gerechtigkeit strebenden Gesellschaft wird Allen Bildung und Erziehung auf höchstem Niveau vermittelt. Weder die persönliche finanzielle Situation noch die soziale Herkunft dürfen zur Einschränkung der Chancen auf Bildung und Erziehung des Einzelnen führen.

Entgegen der Festlegung in der früheren BRD werden Bildung und Erziehung nicht mehr von den Bundesländern verantwortet und finanziert, sondern vom Bundesstaat. (Richtlinienkompetenz). Regionale und örtliche Bildungsbeauftragte leiten an und kontrollieren den staatlichen Bildungsauftrag der Schulen.

Gleiche Bildungschancen für alle werden verwirklicht, durch:

- Die unentgeltliche Teilnahme an der Vorschul-, Schul-, Berufsschul-, Fachschul-, Hochschul- und universitären Ausbildung.
- Die Möglichkeit der unentgeltlichen Nutzung der Kinderkrippen für Säuglinge und Kleinkinder bis zur Vollendung des dritten Lebensjahres und der Kindertagesstätten bis einschließlich des fünften Lebensjahres. Um diese Angebote wahrnehmen zu

können wird ein Elternteil der Ehe bzw. aus gleichgestellten Partnerschaften oder der/die Alleinerziehende auf Wunsch für die ersten drei Schuljahre von der Arbeit freigestellt. Als Gehalt erhält man das Grundeinkommen (GEK) und das anteilige GEK für das Kind. Die eigentlich dazugehörige Arbeitspflicht ist durch die häusliche Kinderbetreuung abgegolten.

- Die Erfüllung der kostenfreien Pflichtteilnahme an der halbtägigen Vorschule im letzten Jahr vor der Schuleinführung in die Grundschule, inklusive Mittagessen und Vesper und der Inanspruchnahme der Möglichkeit der täglichen Kinderbetreuung bis 18:00 Uhr.

- Die Einführung der Ganztagsschulpflicht für alle Schuljahre, inklusive kostenfreiem Mittagessen, Vesper, Hausaufgabenbetreuung und Anleitung bei der Wahrnehmung von Freizeitangeboten.
- Ein einheitliches und durchlässiges Bildungssystem, gültig für die ganze SRD, mit bundesweit gleichen Bildungs- und Erziehungsanforderungen.
- Die gemeinsame, einheitliche Schulbildung von der 1. bis zur 8. Klasse.
- Die Realisierung der Schulpflicht für alle Schüler bis zur 10. Klasse.
- Die Möglichkeit des Wechsels, bei nachgewiesener Befähigung, in ein Gymnasium in der Regel nach der 8. Klasse und im Ausnahmefall nach der 10. Klasse zur Ablegung des Abiturs am Ende der 12.Klasse.
- Ablegung eines Fachabiturs in Verbindung mit einer Berufsausbildung, ab der 11. Klasse, am Ende der 13. Klasse.

- Die zahlenmäßige Erweiterung und qualitative Verbesserung von "Begabtenschulen" für Naturwissenschaften, Musik, Kunst und Sport.
- Förderschulen bzw. Förderklassen für körperlich oder geistig behinderte Schüler. Bei entsprechenden Bildungsfortschritten haben diese Schüler die Möglichkeit in eine "Regelschule" zu wechseln.

Schulen in freier Trägerschaft, Privatschulen und Schulen von Kirchen sowie Religionsgemeinschaften sind gestattet, müssen sich aber selbst finanzieren und haben den vom Staat vorgegebenen Lehrauftrag (Bildungsinhalte), die Prüfungsordnung, die Prüfungsanforderungen und das Bewertungssystem (Zensuren) der staatlichen Schulen unverändert anzuwenden.

Lehrer und Erzieher der staatlichen Schulen sind Angestellte des öffentlichen Dienstes und werden nach einer angemessenen Vergütungsordnung, differenziert auf der Basis der Ausbildung und Dienstjahre, bundesweit einheitlich bezahlt. Darüber hinaus sind zusätzliche Gehaltserhöhungen in Verbindung mit besonderen Bildungserfolgen möglich.

Pädagogen, die die Lehrbefähigung für die 1. bis 4. Klasse erlangt haben, durchlaufen eine besonders praxisbezogene Ausbildung an pädagogischen Fachschulen. Alle anderen Lehrkräfte müssen ein pädagogisches Hochschulstudium absolvieren, um die Lehrbefähigung für mindestens zwei verschiedene Unterrichtsfächer zu erlangen.

Die staatlichen Schulen und Ausbildungseinrichtungen unterliegen in allen Fragen den Festlegungen der Verfassung.

Die Ausgestaltung der dazu gehörenden Gebäude und Räume mit religiösen und kirchlichen Symbolen sind nicht gestattet. Das Tragen der Burka ist für Lehrkräfte und Schüler verboten. In den Hausordnungen der Schulen wird festgehalten, dass in den Unterrichtsräumen der Schulen das Tragen von Kopfbedeckungen jeglicher Art untersagt ist. Der Religionsunterricht darf nicht in Schulräumen stattfinden.

Alle Schüler, gleich welchen Glaubens, sind verpflichtet an allen Unterrichtsveranstaltungen ohne Einschränkungen teilzunehmen, auch am Sportunterricht und dem Schulschwimmen.

Möglich und in Abhängigkeit der mehrheitlichen Entscheidung durch die Eltern der Schüler, darf Schulkleidung getragen werden bzw. und ist dann von allen Schülern grundsätzlich und ohne Ausnahme zu benutzen. Die Finanzierung der Kleidung erfolgt durch die Bildungseinrichtungen. Mit dem Tragen der Schulkleidung verstärkt sich die emotionale Bindung der Schüler an ihre Ausbildungsstätte. Gleichzeitig stärkt die einheitliche Kleidung das "Wir" - Gefühl der Schüler unter- und miteinander und fördert ihre Gleichbehandlung.

An nichtstaatlichen Feiertagen besteht für alle Schüler die Pflicht zur Teilnahme am Unterricht.

Zur Erhöhung der Wirksamkeit des Unterrichts werden die Klassenfrequenzen auf 20 Schüler reduziert. Gleichwohl werden die Lehrer in Zukunft nur noch

20 Wochenstunden Unterricht erteilen.
Darüber hinaus arbeiten sie pro Arbeitswoche weitere
6 Stunden direkt in der Bildungseinrichtung, zur Hilfe bei
der Erledigung der Hausaufgaben und zur Betreuung der
Kinder bei der Freizeitgestaltung.

Die zu vermittelnden Bildungsinhalte werden
kontinuierlich dem aktuellen Stand der Wissenschaften
angepasst, schuljahresbezogen und didaktisch aufbereitet.
Stärker als in früheren Jahren gilt es
anwendungsaufbereitetes Grundwissen den Schülern nahe
zu bringen und durch ausreichendes Üben und
Wiederholen dauerhaft nutzbar zu machen, insbesondere
im Grundschulbereich.

Die zunehmende Durchdringung des Lehrens und Lernens
mit Hilfe der Digitalisierung ist zu fördern. Dafür
benötigte digitale Geräte sind durch die Schulen
bereitzustellen.
Digitale Lernhilfen dürfen nach Vorgaben der Lehrkräfte
durch die Schüler im Unterricht und zur Erledigung der
Hausaufgaben verwendet werden.
Die Digitalisierung des schulischen Lehrens und Lernens
darf nicht zum Verkümmern des herkömmlichen Lernens
führen.

Das Ungleichgewicht zwischen der Bedeutung von
Bildung und Erziehung zu Ungunsten des Letzteren wird
korrigiert. Beide Faktoren sind in Einheit zu
verwirklichen. Wissensvermittlung ohne Normative für
das Verhalten bei der Anwendung bürgt viele Gefahren in
sich. Es ist eben nicht egal was der Mensch mit den
erworbenen Fähigkeiten anrichtet, deshalb ist

Wissensvermittlung stets untrennbar mit humanistischer Erziehung zu verbinden.

3.6 Weiterentwicklung der Wissenschaften

Die Wissenschaften haben den Menschen vorrangig Wege in die Zukunft zu erschließen. Deshalb werden diejenigen besonders staatlich gefördert, die dieser Zielstellung vor allem gerecht werden.

Das sind, die:
Zukunftsforschung, Humanmedizin, mathematisch - naturwissenschaftliche Grundlagenforschung, Informatik- Digitalisierung, Volks- und Betriebswirtschaftswissenschaften, Ernährungswissenschaften, Umweltschutz, Energieforschung, Pädagogik, Tiermedizin und Weltraumforschung.

Die Forschungsrichtungen sind in ihren Tätigkeiten zum gegenseitigen Vorteil miteinander zu verbinden.

Forschung und Lehre sind praxisbezogen zu gestalten.

Universitäten, Hoch - und Fachschulen sind kontinuierlich auszubauen, mit mehr Wissenschaftspersonal zu stärken, mit deutlich höheren finanziellen Mitteln auszustatten und in Zusammenarbeit mit staatlichen und betrieblichen Forschungseinrichtungen zu größerer Wirksamkeit zu führen.

Die Lenkung und Leitung der Wissenschaftseinrichtungen erfolgen durch das zuständiges Bundesministerium.

Die Studiengänge - und Abschlüsse an den Universitäten, Hoch- und Fachschulen sind neu festzulegen. Das sogenannte "Bologna Abkommen" verliert seine Gültigkeit.
Die Studieninhalte, die Verknüpfung von Theorie und Praxis, die Zulassungsvoraussetzungen, die Studienlänge und die Gradierung der Studienabschlüsse sind neu zu bestimmen.

3.7 Rechte und Pflichten zur Teilnahme am Arbeitsleben

In der SRD wird das Recht auf Arbeit in der Verfassung garantiert. Jeder Staatsbürger wird nach Abschluss seiner Ausbildung bis zum 63.Lebensjahr einer sozialversicherungspflichtigen Tätigkeit nachgehen können.
Gleichwohl besteht die Verpflichtung zur Berufstätigkeit bis zur Vollendung des 63. Lebensjahres.
Ausschließlich durch amtsärztlich bestätigte Krankheiten darf die Berufstätigkeit vorübergehend eingestellt oder beendet werden. In diesen Fällen erfolgt eine Lohnfortzahlung in Form des Grundeinkommens (GEK).

Bei Verlust des Arbeitsplatzes sichert der Staat die Weiterbeschäftigung mit einer zwischenzeitlichen Anstellung bei den Kommunen. In solchen Fällen wird als Gehalt ebenfalls das Grundeinkommen (GEK) gezahlt. Die Art der Tätigkeit berücksichtigt nach Möglichkeit die berufliche Qualifizierung. Grundsätzlich ist jeder verpflichtet der angebotenen Arbeit nachzugehen. Die Arbeitszeit entspricht der allgemein gültigen, aktuellen

Festlegung. Parallel sind die Kommune und der Betroffene verpflichtet eine Wiedereingliederung in die Privatwirtschaft anzustreben.

Arbeitsfähige Personen, die im vorgegebenen Alter die Teilnahme am Arbeitsleben unbegründet und ungenehmigt verweigern, erhalten in diesem Zeitraum kein Grundeinkommen. Diese Verhaltensweise führt auch zu dauerhaften Reduzierungen des Grundeinkommens im Rentenalter.

3.8 Grundeinkommen (GEK) in Einheit mit der Pflicht zur Arbeit, anteiliges GEK und bedingungsloses GEK

Zuerst in der Schweiz, aber auch in Finnland und weiteren Staaten entfachte sich etwa ab 2012/13 eine zunehmende Diskussion über die Einführung eines bedingungslosen Grundeinkommens für alle Bürger.
Der Hintergrund war neben steigender Arbeitslosigkeit, dass stärker werdende Auseinandertriften von arm und reich und damit die Spaltung der Gesellschaft.
Gleichzeitig beeinflusste die Digitalisierung die Volkswirtschaften und das Leben der Menschen in den führenden Industrienationen immer stärker. Es erschien unvermeidlich, dass das zu einem im Eilzugtempo ständig größer werdenden Heer von Arbeitslosen führen würde.

In der Schweiz erwuchs daraus ein Referendum der Bevölkerung. Über 20% unterstützten die Einführung eines bedingungslosen Grundeinkommens für alle Bürger. Die Initiatoren waren von dem Ergebnis nicht enttäuscht. Sie sind nach wie vor überzeugt auf dem richtigen Weg zu sein und verkündeten deshalb, ihre Überzeugungsarbeit in der Gesellschaft zur Einführung eines bedingungslosen GEK, fortzuführen.

Übrigens wurde diesbezüglich in Finnland eine Studie mit 2000 Bürgern durchgeführt. Jeder von ihnen erhielt pro Monat 500 € als bedingungsloses Grundeinkommen und das wohl über den Zeitraum von zwei Jahren. Nach Ablauf der Studie gibt es zurzeit noch keine Fortsetzung des Vorhabens.

Im Zusammenhang mit der Wahl und Neubildung der Regierung 2018 in Italien, wurde die Einführung eines bedingungslosen Grundeinkommens in Höhe von 750 € pro Monat diskutiert.

Auch in der BRD ergriffen vor allem junge Menschen eine entsprechende Initiative für die Einführung eines bedingungslosen Grundeinkommens. Im Losverfahren wählten sie die Teilnehmer unter den Bewerbern aus. Diese erhielten ein Jahr lang 1000 € pro Monat. Das benötigte Geld rekrutierten sie aus dem Ergebnis von entsprechenden Spendenaktionen.

Die Anfänge zur Einführung eines bedingungslosen Grundeinkommens wurden somit auch in der BRD gemacht.
Die Diskussion zum "Für und Wider" wurde immer hörbarer. Der Philosoph Prof. Precht, der Armutsforscher Prof. Butterwegge, Katja Kipping, die Vorsitzende der Partei der Linken in der BRD und der Österreicher Christian Felber, "Erfinder" der Gemeinwohl - Ökonomie, meldeten sich zu diesem wichtigen Thema in

verschiedenen Sendungen in der Öffentlichkeit mit Hilfe des Deutschen Fernsehens zu Wort. Ihre Meinungen waren teilweise sehr unterschiedlich. Prof. Precht vertrat eine vielleicht sehr oder zu weitgehende Auffassung, die die Verwendung des Grundeinkommens grundsätzlich nur der Entscheidung des Betroffenen überlässt. Gleichwohl ob jemand freiwillig einer Arbeit, einem persönlichen Hobby nachgeht oder sein Heil nur in einer grenzlosen Freizeitgestaltung sieht. Precht glaubt, ohne „Wenn und Aber", an die Vernunft der Menschen, sodass sie sich bis auf wenige Ausnahmen, alsbald einer Sinn machenden Wertschöpfung zuwenden werden.

Die gleiche Auffassung vertritt auch der niederländische Historiker Rutger Bregman in seinem 1919 im Rowohlt Taschenbuch Verlag erschienenen Buch „Utopien für Realisten".

Ausgehend von der historischen Erfahrung, dass eine für alle bedeutsame Veränderung Zeit zur Entwicklung benötigt, möchte ich diesen Vorschlägen, einen, aus meiner Sicht, wahrscheinlich und aktuell erfolgreicheren Weg vorschlagen:

Dem für alle geltenden bedingungslosen Grundeinkommen stelle ich das arbeitspflichtige Grundeinkommen für Arbeitslose und das Anteilige für Kinder und Jugendliche, Auszubildende und Studierende gegenüber. Rentner und Empfänger der Erwerbsminderungsrente erhalten ein bedingungsloses Grundeinkommen.

Auch und gerade in einer solidarischen und sozialen Republik Deutschland gilt es erst das Bewusstsein für einen derartigen Wandel im Zusammenleben der Bürger zu schaffen. Das erfordert vorab die materiell -

finanziellen Voraussetzungen zu prüfen, bereitzustellen und die systemischen Strukturen bezüglich ihres Zusammenwirkens, meist in Etappen oder Schritten, einzuführen.

Das arbeitspflichtige Grundeinkommen hat das Ziel allen zeitweilig arbeitslosen Bürgern, also nur denen, nach der Vollendung des 18. Lebensjahres, die Lebenshaltungskosten zu gewährleisten. Diese steuerfreie Regelleistung ist gebunden an die Arbeitspflicht von der Volljährigkeit, bzw. nach dem Abschluss von Ausbildung und Studium, bis zum Renteneintritt, nach Vollendung des 63. Lebensjahres. Anstatt der hundertprozentigen Erfüllung der Arbeitspflicht werden anteilig Arbeitsstunden für genehmigte Maßnahmen der Aus - und Fortbildung verwendet. Mit Eintritt in die Arbeitslosigkeit erfolgt nahtlos die Anstellung bei einer dafür verantwortlichen kommunalen Einrichtung.

Um kein Abwandern aus dem sozialabgabepflichtigen Arbeitsprozess zu provozieren, wird der für alle Arbeitnehmer gleiche Mindestlohn 2000 € brutto pro Monat betragen. Steuern und Sozialabgaben erfolgen in der Summe von maximal 20%, was eine Differenz zum Grundeinkommen von 1300 €, von 300 € ergibt und motivierend auf die Stärkung seines Arbeitswillens wirkt. Damit wird man auch der Forderung, "bezahlte Arbeit muss sich lohnen", gerecht.

Die Höhe des Grundeinkommens (GEK) wird aus den Lebenshaltungskosten errechnet und aller zwei Jahre neu bestimmt. Grundsätzlich ist das Grundeinkommen so festzulegen, dass dazu keine weiteren finanziellen Leistungen des Staates für ein Leben ohne persönliche Not möglich sind. Bezüglich der Lebensverhältnisse im Jahre 2017 hätte das Grundeinkommen ca. 1.300 € pro Person betragen müssen.

Für wen und für wie viele Arbeitslose, Kinder und Jugendliche bis zur Vollendung des 18. Lebensjahres bzw. bis zum Studium - bzw. Ausbildungsabschluss und Rentner muss das arbeitspflichtige, bzw. anteilige oder bedingungslose Grundeinkommen finanziert werden?
Dazu einige wichtige Zahlen:
(aus: "Statista", das statistische Portal/6/2018)

Von den ca. 82 Millionen Bundesbürgern hätten im Jahr 2018 folgende Gruppierungen/Personen Anspruch auf ein Grundeinkommen:

- 13,3 Mill. Kinder und Jugendliche bis einschließlich zur Vollendung des 18. Lebensjahres. (Zahlen nach Erhebung 2016).

- 2,8 Mill. Studierende/Auszubildende über 18 Jahre. (Zahlen nach Erhebung 2016/2017-Wintersemester).

- 2,38 Mill. Empfänger des Arbeitslosengeldes I (Zahlen nach Erhebung 3/2018).

- 4,254 Mill. Empfänger des Arbeitslosengeldes II/ "Harz/IV", davon sind ca. 1,2 Millionen Personen mit einem sozialabgabepflichtigen Arbeitsverhältnis als sogenannte "Aufstocker" registriert, d.h., dass sie von ihrem eigentlichen Arbeitslohn nicht leben können. (Zahlen nach Erhebung für 2018)

- 21 Millionen Rentner. (Erhebung 2017).

- Hinzuzufügen sind ca. 1,81 Mill. Menschen, laut einer Statistik der Deutschen Rentenversicherung, die 2016 die gesetzliche Erwerbsminderungsrente von durchschnittlich 700 € pro Monat erhielten. Inwieweit dabei auch die Menschen miterfasst wurden, die noch nie einer Erwerbstätigkeit nachgehen konnten, bleibt unklar.
Fakt ist aber auf jeden Fall, dass mindestens weitere 1,81 Mill. Menschen für das vorgeschlagene bedingungslose Grundeinkommen in Frage kommen würden.

Die Summierung der Anzahl der Bedürftigen bezüglich der differenzierten Inanspruchnahme eines Grundeinkommens (GEK) ergibt folgendes Bild:

Empfänger des vollständigen Grundeinkommens auf der Basis der Erfüllung der Arbeitspflicht = ca.5,38 Mill.
(2,38 Mill. Empfänger des Arbeitslosengeldes I
ca.3 Mill. Empfänger des Arbeitslosengeldes II/Hartz IV, abzüglich der 1,2 Mill. "Aufstocker", deren Ansprüche durch die Erhöhung des Mindestlohnes entfallen und vollständig vom Arbeitgeber bezahlt werden.)

Empfänger des bedingungslosen Grundeinkommens:
= ca. 22,8 Mill.
(21 Mill. Rentner und ca.1,8 Mill. Bezieher der Erwerbsminderungsrente)

Empfänger des vollständigen Grundeinkommens:
= ca.28,18 Mill.

Empfänger des anteiligen Grundeinkommens, ohne Arbeitspflicht: = ca.17 ,42 Mill.
(ca. 13,3 Mill. Kinder und Jugendliche bis zur Vollendung des 18. Lebensjahres, ca. 2,8 Mill. Studierende über 18 Jahre,
ca. 1,321 Mill. Auszubildende als Facharbeiter, sowohl unter als auch über 18 Jahre)
Dazu der Finanzierungsschlüssel bezogen auf die 1300 € des Grundeinkommens:
Kinder von 0 bis 2 Jahre = 30%; 3 bis 6 Jahre = 35%   7 bis 14 Jahre = 40%; 15/18 Jahre = 60%; weiter bis zum Ausbildungs- und Studienabschluss = 65%.
(Bei den Auszubildenden wird das anteilige Grundeinkommen in Verbindung mit den Obergrenzen des Lehrlingsentgeltes verrechnet.)

Gesamtzahl der Empfänger von Grundeinkommen ca. 44,6 Millionen

3.9   Finanzierung der Grundeinkommen (GEK)

Im Zusammenhang mit der Einführung des Grundeinkommens entfallen dafür die staatliche Rente, die Mütterrente, das Arbeitslosengeld I, die Harz IV - Leistungen (ALG II), die Ausbildungs- und Studienbeihilfen, das Kindergeld, das Elterngeld, die Bezahlung von Betriebsrenten und Beamtenpensionen.

Es gilt vor allem eine Frage zu beantworten: Ist das GEK zu finanzieren, ohne andere Erfordernisse zu vernachlässigen?

Leider erreicht die nachfolgende Darstellung nur das Niveau einer Schätzung, da mir notwendige Zahlen und Fakten für eine exakte Analyse aus dem jeweils gleichen Jahr im notwendigen Umfange und im Detail nicht zugänglich sind. Trotzdem vermittelt das Ergebnis der Schätzung die grundsätzlich zweifelsfreie Aussage, dass eine zukünftige SRD oder auch schon die jetzige BRD, ohne Probleme das GEK finanzieren könnten.

Zu den Zahlen, Summen und Fakten:

Kosten für das arbeitspflichtige GEK:

5,38 Mill. Arbeitslose (aus ALG I + ALG II) x
1.300€ x 12 Monate =   83,928   Mrd.€

Kosten für das bedingungslose Grundeinkommen:

22,8 Mill. Rentner u. Empfänger der Erwerbsminderungsrente x 1.300€ x 12 Monate =
$$355,680 \text{ Mrd.€}$$

Kosten für das anteilige GEK:

Kinder, Jugendliche, Auszubildende und Studierende: 17,4 Mill. x 520€ (durchschnittlich ca. 40% des GEK) x 12 Monate = 108,576 Mrd.€

Gesamtsumme für das arbeitspflichtige, bedingungslose und anteilige GEK pro Jahr = ca. 548,184 Mrd.€

Um überzeugt zu sein, dass sich die Gesellschaft, der jetzige Staat der BRD und vor allem die entstehende Solidarische Republik Deutschland (SRD) das leisten können, muss man einige Zahlen der errechneten bzw. geschätzten Ausgaben der Einnahmenseite gegenüberstellen.

3,26 Bill. €, Summe der Wertschöpfung (BIP) der BRD (Prognose 2018), davon werden verausgabt u.a.:

918 Mrd. €, (Prognose für 2018 erstmalig über eine Billion Euro!), für Sozialleistungen (knapp 30% des BIP); (in Mrd. €: u.a. ca. 282 für Renten, 211 für Krankenversicherungen, 28,9 für Pflegeversicherung, 21,4 für Arbeitslosenversicherung, 52,9 für Beamtenpensionen)

Die Summen dieser ausgewählten Sozialleistungen ergibt schon allein die Möglichkeit die aufgeführten GEK zu finanzieren, unabhängig davon was noch an weiteren Sozialleistungen zu erbringen wäre.

Es soll nicht unterschlagen werden, dass in die Summe von 918 Mrd. € Sozialleistungen anteilig
ca. 290 Mrd. € als Steuerabgaben von Privathaushalten und Unternehmen eingehen, was sich aber bei Anwendung dieses GEK - Modells in etwa im gleichen finanziellen Umfange fortsetzt und demzufolge zu vernachlässigen ist. Nun reicht es wohl trotzdem nicht die GEK zu finanzieren?
Weit gefehlt!

Finanzierungsreserven ergeben sich u.a.:

* aus dem Wegfall der Beamtenpensionen in Höhe
52,9 Mrd. €,
* mit Einführung der einmaligen Vermögenssteuer mit einer Steuereinnahme von fast 300 Mrd.€,
* mit Hebung einer dauerhaften Vermögenssteuer auf Hinzugewinne mit einer Bilanz von reichlich
16 Mrd. € pro Jahr,
* mit Erhöhung der Erbschaftssteuer von jetzt
7 auf ca. 40 Mrd. € pro Jahr,
* mit Hilfe der überfälligen Transaktionssteuer für die Banken und der diesbezüglich hälftigen Weitergabe der Gewinne an den Staat.

Also, es geht doch! Wo der solidarische und soziale Wille vorhanden ist, findet man dafür auch die gangbaren Wege!

Nicht zu vergessen, auch das gehört dazu:
Zur Gewährleistung sozialer Gerechtigkeit und der Entwicklung des solidarischen Verhaltens und Handelns aller Staatsbürger ist das Grundeinkommen in Einheit von Forderung und Förderung um - und durchzusetzen.

Dazu dient die Anwendung folgender Grundregel:
Wer sich unbegründet und behördlich nicht genehmigt dem Arbeitsprozess entzieht, erhält für diese Zeiträume kein Grundeinkommen. Beim Eintritt in das Rentenalter werden die vorher getroffenen Abzüge für das Grundeinkommen fortgeschrieben.

3.10 Grundeinkommen und Rente

Die Altersrente wird durch das bedingungslose Grundeinkommen nach Vollendung des 63. Lebensjahres mindestens in gleicher Höhe ersetzt.
Wer in seinem Arbeitsleben auf Grund eines höheren Verdienstes kein oder zeitweise das Grundeinkommen erhielt, bekommt dafür dauerhaft zum Grundeinkommen einen entsprechenden Zuschlag bis zur Höhe des doppelten Grundeinkommens. Bis zu dieser Grenze ist das Grundeinkommen steuerfrei. Erst für Beträge oberhalb des doppelten Grundeinkommens wird ein progressives Steuersystem zur Anwendung gebracht,
analog der Einkommensteuer in Höhe von 10 bis 70%.

Im Falle des Versterbens eines Ehepartners oder eines Partners in einer gleichgestellten Lebensgemeinschaft, erhält der verbleibende Partner 50% des Grundeinkommens des Verstorbenen zu seinem Grundeinkommen.

3.11 Begrenzung der Einkommen

Die Einkommen und Gehälter werden für alle Beschäftigten staatlicher Einrichtungen und der Privatwirtschaft reguliert und begrenzt. Das Höchstgehalt aller Berufstätigen beträgt pro Monat das Zweihundertfache des monatlichen Grundeinkommens, welches eine Höhe von mindestens 1.300,- € hat und steuerfrei ist. Die Berechnung des Grundeinkommens erfolgt erneut aller zwei Jahre.

Die Höhe des Grundeinkommens deckt die Lebenshaltungskosten und ermöglicht grundsätzlich die Teilnahme am kulturellen Leben.

Entsprechend der Verantwortung und erbrachten Leistung für die Gesellschaft erhält nur der/die Bundeskanzler/in die Höchstsumme von 260.000 € (1.300,- € Grundeinkommen x das 200-fache als Bruttoverdienst pro Monat), wovon 70% als Einkommensteuer abgezogen werden, was einem monatlichen Nettoeinkommen von 78.000 € entspricht. Am Ende ist der monatliche Höchstverdienst

60x höher als das monatliche Grundeinkommen.

Alle anderen Gehälter und Einkommen sind entsprechend der persönlichen Verantwortung, der Arbeitsleistung, der Qualifikation und der Berufserfahrung nach einer für alle gültige Gehaltstabelle durch die Personalabteilungen festzulegen und durch die Betriebsräte kontrollieren zu lassen. In den tabellarischen Vorgaben sind Spezifika der Firmen, die das Einkommen erhöhen oder mindern können, einzuarbeiten. Besonderheiten dürfen nur in dem

Maße berücksichtigt werden, wie sie die Wirtschaftlichkeit des Betriebes und die Bereitstellung der Finanzmittel für die erforderlichen Sozialleistungen nicht gefährden. Als Marge für Abweichungen werden maximal ein Mehr oder Weniger von 20% akzeptiert.

Gehälter und Einkommen aller Beschäftigten, einschließlich der Vorstands - und Aufsichtsratsmitglieder sowie der Firmenbesitzer ist der Öffentlichkeit transparent zu machen, einschließlich des Steuerabzuges vom Gehalt.

Die Gehälter der Abgeordneten werden entsprechend ihrer beruflichen Qualifikation festgelegt, dabei wird die Anzahl der Berufsjahre gehaltssteigernd berücksichtigt. Hinzugefügt wird ein Aufschlag von bis zu 20% des jeweiligen Tariflohnes. Analog wird mit Wissenschaftlern als Abgeordnete verfahren. Die Gehälter werden wie bei anderen Arbeitnehmern versteuert. Sozialabgaben sind im Umfange wie bei allen Beschäftigten zu leisten.

Hauptamtliche Politiker werden nach Funktion, Verantwortungsbereich, erlerntem und ausgeübten Beruf oder einem abgeschlossenen Studium bzw. der früheren wissenschaftlichen Tätigkeit entlohnt und versteuert.

Bundesminister werden wie Vorstandsvorsitzende von größeren Wirtschaftseinheiten mit mindestens 1000 Beschäftigten bezahlt.
Gleichermaßen werden die 5 Ministerpräsidenten der Bundesländer vergütet. Weitere Regierungsmitglieder und Mitarbeiter der Ministerien erhalten 50 bis 80% der Gehaltshöhe ihres Dienstvorgesetzten in den Landes - und Bundesministerien.

Die Gehälter von mindestens fünfjährig professionell tätigen Künstlern und Leistungssportlern werden ebenfalls mit Gehaltsobergrenzen versehen, die sich in den Rahmen aller Beschäftigten einordnen.

Da ein Teil dieser besonders anspruchsvollen Tätigkeiten meist nur eine geringe Anzahl von Jahren erfolgreich ausgeübt werden kann, werden zeitlich begrenzte Übergangszahlungen bis zur Höhe des doppelten, steuerfreien Grundeinkommens bis zum Renteneintrittsalter differenziert gewährt.

Sportliche Erfolge, wie errungene Olympische und WM - Medaillen, werden mit Eintritt in die Altersrente mit einem zusätzlichen monatlichen finanziellen Betrag dauerhaft honoriert. Übrigens wie in Polen bereits in den Jahren 2018 und davor praktiziert. Wer mit außergewöhnlichen Leistungen sein Land national und vor allem international vertritt, hat sich nachfolgend zu Recht eine finanzielle Würdigung verdient. Ausgenommen werden Profisportler die während ihrer sportlichen Karriere bereits Höchstsummen auf dem Niveau von Lebenseinkünften aller anderer Arbeitnehmer erhalten haben. Dafür gelten Sonderregelungen.

4 Finanzierung des Staatshaushaltes der SRD

4.1 Verwendung der Erträge durch Wertschöpfung

Deutschland wird sich nur dann zum Sozialstaat entwickeln, wenn die durch die Wertschöpfung erzielten Gewinne entsprechend den ökonomischen und sozialen Erfordernissen aufgeteilt werden.

Grundsätzlich sind Arbeitsleistungen differenziert zu ent - und belohnen und "Geldvermehrung" ohne Arbeitsleistung ist prinzipiell höher und zunehmend progressiv zu besteuern.

Die Gesamtheit der Steuererhebung muss den ökonomischen Möglichkeiten der Wirtschaft in Einheit mit den sozialen Erfordernissen der Bevölkerung gerecht werden, ohne die Ausgeglichenheit des Staatshaushaltes zu gefährden.

Der soziale und finanzierbare Staatshaushalt der SRD wird auf folgendem Wege erreicht:

- Durch eine deutlichere Differenzierung der Einkommensteuer von 10 bis 70 Prozent.

- Mit Hilfe der Anwendung einer lohnabhängigen, differenzierten Mehrwertsteuer in Höhe von 5, 10, 15, 20 und 30%.

- Durch den Wegfall von sogenannten Kappungsgrenzen für die besser Verdienenden in Bezug auf die Zahlung von Renten - und andere Sozial – und Versicherungsbeiträgen.

- Durch die Einführung einer Vermögensteuer.

- Mit Hilfe einer erhöhten Erbschaftsteuer.

- Durch Einkommensbegrenzungen von Gehältern aller berufstätigen Personen.

- Durch eine anteilig erhöhte Gewinnweiterleitung aus Privatunternehmen an den Staat.

- Durch die Abgabe von 50 Prozent der Gewinne die unmittelbar auf die Steigerung der Arbeitsproduktivität bei der Wertschöpfung zurückzuführen sind.

- Durch die strafrechtliche Verfolgung und Bestrafung jeder Steuerhinterziehung und ungesetzlicher Geldanlagen bis hin zum vollständigen Vermögenseinzug.

- Durch den Wegfall des Beamtenstatus.

- Durch deutliche Ausgabenkürzungen für die Landesverteidigung.

- Durch die anteilige Rückerstattung von Ausbildungskosten beim Austritt aus der Staatsangehörigkeit der SRD.

- Durch die Gewährleistung von Grundeinkommen.

4.2 Steuergrundsätze

Wer mehr als das monatliche Grundeinkommen erhält, dem wird vom Monatslohn automatisch die Einkommensteuer abgezogen. Sie beträgt 10 bis 70 Prozent des Gehaltes.

Grundlage für die Steuerquote ist, ohne eine "Kappungsgrenze", der Bruttolohn.

Die Einkommensteuertabelle ist so zu gestalten, dass der jeweils höhere Bruttolohn, auch einen höheren Nettolohn erbringt.

4.3 Abgaben aus Bankgeschäften

Grundsätzlich werden alle Bankgeschäfte besteuert. Die Finanzertragssteuer auf Zinsgewinne beträgt 10 bis 70 Prozent. Sie wird hälftig dem Finanzhaushalt des Staates und der jeweiligen Bank zugeführt. Weiterhin ist für den gesamten Geld - und Wertpapierhandel eine Transaktionssteuer in gleicher Höhe zu entrichten.

Die Steuerquote bezieht sich auf die Gewinnmarge der Transaktion.

4.4 Einkommen abhängige Mehrwertsteuer

Jede bisherige Regierung versprach zumindest und immer wieder im Wahlkampf Steuersenkungen. Bis auf Geringfügigkeiten blieb es nach den Wahlen zu oft beim Alten. Ja, im Gegenteil Steueranhebungen wurden vorgenommen. Dabei traf es den "kleinen Mann" stets härter als vor allem die Reichen.

Ein besonderer Zankapfel ist immer wieder die Mehrwertsteuer. Gleich wie sie bisher strukturiert war, führte sie in jedem Fall zur Verstärkung des Auseinandergehens von arm und reich in der Gesellschaft. Wer schon wenig hat, wird durch die Erhöhung der Mehrwertsteuer noch spürbarer an die Grenzen seiner Möglichkeiten zur Finanzierung seines Lebensunterhaltes gedrückt.

Solidarisch und sozial gedacht und gehandelt wird, wenn die Mehrwertsteuer lohnabhängig gestaltet ist.

In fünf Stufen wird die Mehrwertsteuer veranlagt:

5, 10, 15, 20 und 30 % differenzieren diese wichtige Einnahmequelle des Staates.

Die 5% - Stufe gilt für alle Empfänger des Grundeinkommens. Die nächsten Stufen werden auf der Basis der Höhe der Einkommensteuer festgelegt und mit dem jährlichen Steuerbescheid allen zugänglich gemacht.

Das Ganze wird im Zeitalter der Digitalisierung anwendungsfreundlich gestaltet. In eine Chipkarte, die beim Einkauf zum Bezahlen benutzt wird, ist der persönliche Status der Mehrwertsteuer integriert. Kinder, Jugendliche und andere Personen, ohne zu versteuerndes Einkommen, erhalten ein Duplikat der Chipkarte des oder der Erziehungsberechtigten.

Auf diese Weise wird nicht nur die Schere zwischen arm und reich deutlich zugunsten der ärmeren Gesellschaftsschichten verkleinert, sondern die mittlerweile weit fortgeschrittene Spaltung der Gesellschaft spürbar reduziert.

4.5 Einkommensteuer

Die Einkommensteuer beträgt 10 bis 70% des Bruttoverdienstes, beginnend mit dem Eintritt in den Arbeitsprozess bis zur Vollendung des 63. Lebensjahres, unabhängig vom Anstellungsverhältnis.

Die Steuertabelle gewährleistet dabei, dass ein höheres Gehalt, trotz Steuererhöhung, immer zu einem höheren Nettoverdienst führt. Die bisher zur Anwendung gekommenen, sogenannten "Kappungsgrenzen" entfallen, d.h.: Gehaltserhöhungen führen stets auch zur Erhöhung der zu zahlenden Einkommensteuer.

Alle Bezieher des Grundeinkommens sind von der Entrichtung der Einkommensteuer befreit.

4.6 Kriterien der Vermögensteuer

Mit Vehemenz haben sich fast alle früheren und die jetzige Regierung der BRD dagegen gewährt, eine Vermögensteuer einzuführen. Sie meinten, dass sich dafür der Arbeitsaufwand nicht lohnt. Als Beleg führte man den Vergleich mit der PKW - Maut an, die 2017 in der BRD vor ihrer Einführung stand und mit deren Hilfe man pro Jahr ca.500 Millionen € einnehmen wollte, was ein Teil der Parteien und Politiker als nicht besonders lohnenswert ansahen.

Wie sonst im Leben hängt vieles vom Maß der Dinge ab. Zuerst ist die Frage zu beantworten, ab welcher Summe an direktem oder indirektem Geldvermögen eine Vermögensteuer greifen dürfte? Natürlich ist vor allem zu klären, inwieweit es überhaupt und mit welcher Begründung möglich ist, jemanden von seinem Privatvermögen etwas einzuziehen?

Formal juristisch darf man in einer bürgerlichen Demokratie niemanden, ohne nachgewiesenem Verstoß gegen die in Frage kommenden Gesetze, etwas von seinem privaten Vermögen wegnehmen. Ist aber diese verfassungsmäßige Festlegung tatsächlich zu Ende gedacht und überzeugend begründet? Ich denke nicht!

Um Klarheit zu erlangen, muss man den Anteil der eigenen Arbeitsleistung in Verbindung mit der damit erzielten Wertschöpfung vergleichen. Das Ergebnis wird sehr schnell ernüchternd sein. Je mehr Mitarbeiter ich für die Produkterzeugung/Wertschöpfung im wahrsten Sinne des Wortes benutzt oder meist ausgenutzt habe, desto geringer ist mein eigener Anteil an der Wertschöpfung bzw. dem geschaffenen Mehrwert und trotzdem erhalten die anderen am Schaffensprozess Beteiligten einen Gewinnanteil der weit unter ihrem persönlich eingebrachten Arbeits- bzw. Leistungsanteil liegt.

Es gilt demnach festzustellen, dass es durchaus gerechtfertigt ist auch persönliches Vermögen gerechter zu verteilen und zwar nach der tatsächlich erbrachten Leistung!

Nun zum Maß der Dinge:
Um einen vertretbaren Ansatz zu finden, lohnt es sich im Managermagazin die Rangfolge der reichsten Deutschen anzuschauen.
Schnell wird einem klar auf welche Art und Weise die Einführung einer Vermögensteuer die Armut in der Bevölkerung wesentlich verkleinern würde, ohne die bisher 500 reichsten Deutschen dafür in die Armut zu treiben.

2016 besaß der 500. reichste Deutsche 200 Million €. Der 499. 250 Millionen € usw. Insgesamt besaßen diese 500 Superreichen ca. 692 Milliarden €. Der durchschnittliche Vermögenszuwachs betrug dabei rund 39 Mrd. € von 2015 zu 2016, ca. 6%. Immerhin ist das ungefähr das Dreifache des durchschnittlichen Zuwachses der Reallöhne aller Beschäftigten der BRD in den Jahren um 2016.

Spätestens an dieser Stelle fühlt man sich aufgefordert im Grundgesetz (GG) der BRD noch einmal nachzuschauen, ob diese Vermögensverteilung in Deutschland rechtens ist, zumal in statistischen Erhebungen immer deutlicher wird, dass auch in Deutschland inzwischen ca. 40% der Bevölkerung mit den Auswirkungen von Armut zu kämpfen haben.

Weitere Fakten zwingen geradezu alle solidarisch und sozial denkenden Menschen sich mit diesem immer mehr die Gesellschaft spaltenden Problem auseinanderzusetzen:

Die 45 reichsten Deutschen besitzen z.B. so viel Vermögen wie die ärmere Hälfte der Bevölkerung, das sind ca. 41 Millionen Menschen! Das allein ist schon ein nicht zu akzeptierender Skandal!

Im Vergleich aller Staaten der Erde hat Deutschland die viert höchste Anzahl von Millionären nach den USA, Japan und China. (1.198.700 Millionäre/ selbstgenutzte Immobilien wurden dabei nicht mitgerechnet/vorgelegt von der Unternehmensberatung Capgemini/Frankfurt). Und das bei nur rund 82 Millionen Einwohnern, gleich

19. Platz in der diesbezüglichen Rangfolge der Staaten der Erde.

Laut den Untersuchungsergebnissen dieser Unternehmensberatung hat sich in der BRD 2015 bei dieser Zählweise die Anzahl der Millionäre um 5,1% erhöht.

Am 31.08.2018 konnten wir bei Wikipedia lesen, dass die 1000 reichsten Deutschen in der Summation ihrer Vermögen, das erste Mal mehr als eine Billion Euro besaßen!

Genügend Geld ist in Deutschland also da, aber die Verteilung der Vermögen entspricht eben nicht den Erfordernissen der gesellschaftlichen Weiterentwicklung. Nicht nur die gravierende Spaltung der Bevölkerung in arm und reich wird zur gesellschaftlichen Katastrophe führen, vor allem das materielle Fundament, die Infrastruktur unseres Landes und das "greise Bildungssystem" bremsen deutlich die weitere Entwicklung der BRD.

Und noch etwas: Die zunehmende Trennung der Bevölkerung in arm und reich ist zusätzlich noch durch die kaum geringer gewordenen unterschiedlichen Lebensverhältnisse in Ost – und Westdeutschland belastet. Im Zweiten Deutschen Fernsehen (ZDF) konnte man auf der Videotexttafel 123, am 21.8.2018/ 15:35 Uhr, lesen: „Auch Lohnunterschiede: Ostdeutsche arbeiten weiter länger".
„Beschäftigte in Ostdeutschland arbeiten länger als im Westen – und verdienen weniger. 2017 leisteten

Arbeitnehmer im Westen im Schnitt 1.279 Arbeitsstunden. Im Osten mit Berlin waren es 1.346 Stunden, also 67 mehr. Ohne Berlin sind es 75 mehr.
Die Jahres– Bruttolöhne je Arbeitnehmer lagen im Westen mit 35.084 € um fast 5.000 € höher als im Osten.
Die der Partei der Linken angehörende Sozialexpertin Sabine Zimmermann warnte, die Spaltung am Arbeitsmarkt halte auch fast 30 Jahre nach der Wende an.

Wo finden wir den Schlüssel zur Lösung dieses Problems? Beginnen sollten wir mit der Anwendung des Grundgesetzes (GG). Im Artikel 14 (Absatz 2) können wir nachlesen: "Eigentum verpflichtet. Sein Gebrauch soll zugleich dem Wohl der Allgemeinheit dienen".
Es ist eben nicht damit getan, indem die Reichen fast ausschließlich geringe Teile ihres Vermögens nach eigenem Gutdünken spenden, Anteile ihres Vermögens einer Stiftung zuführen, wobei dieser Weg vor allem auch ein "gutes" Steuersparmodell sein kann oder bei öffentlichkeitswirksamen Veranstaltungen Geld zu sammeln, sondern dieser Teil des GG ist eine klare Forderung an die Reichen, entsprechend staatlicher Vorgaben, Anteile von Vermögen für die Entwicklung der Gesellschaft abzugeben.

An leider zu vielen Stellen ist das Grundgesetz "überholungsbedürftig", aber in diesem Falle, muss es nur konsequent angewendet werden.

Sicher kann man verschiedene Modelle für eine wirksame Vermögensteuer nutzen. Es geht auch nicht darum aus Reichen weitere Arme zu machen oder der charakterlichen Schwäche von Menschen nachzugeben und Neid zu befriedigen, sondern die beschriebenen Notwendigkeiten zu erfüllen und die Bevölkerung auf der Basis erforderlicher Gerechtigkeit wieder zusammenzuführen.

Deshalb nachfolgend der Vorschlag für eine zweistufige Vermögensteuer:

Stufe 1 - Erstmalige und einmalige Abgabe einer Vermögensteuer, beginnend bei einem Besitz von 100 Millionen €, inklusive der Anrechnung des Wertes von Immobilien.
Die Steuermarge der Vermögenssteuer wird auf Basis des Höchstsatzes der Einkommensteuer anno 2018 festgelegt. (42%)

Angenähertes Ergebnis der Steuerhebung nach den Vermögensverhältnissen der Reichen 2016:

Die 500 reichsten Deutschen besaßen zusammen, lt. Managermagazin, 692 Milliarden €, davon sind gleich 42% /290,64 Milliarden € als einmalige Steuereinnahme abzuführen. Unberücksichtigt bleiben dabei noch die Steuereinnahmen von denjenigen, die in diesem Moment ein Vermögen von 100 bis 200 Millionen € hatten, da ich von diesen Reichen die genauen Summen ihrer Vermögen nicht erkennbar machen konnte.

Ich glaube, dass es unnötig ist vorzurechnen, was nach diesem Steuerabzug den jeweiligen Reichen noch verbleibt. Aber trotzdem, schauen wir uns den an, der als Letzter gerade noch in diese Steuerabgabe einbezogen wird, das ist der, der "nur" 100 Millionen € besitzt. Selbst dem verbleiben noch 58 Millionen €.

Ohne zynisch zu werden: Diese "Armut" lässt sich bestimmt noch gut ertragen!

Stufe 2 - Jährliche Abgabe der Vermögenssteuer.

Entgegen der Stufe I wird die Vermögensteuer danach nur noch auf die jährlichen Vermögenshinzugewinne erhoben. Die Steuermarge ist identisch mit der der Ersterhebung. Betrachten wir wiederum nur die 500 Reichsten. Ihr Vermögenszuwachs betrug von 2015 zu 2016 rund 39 Milliarden €, davon würden 42% abgezogen, d.h. die jährliche Steuereinnahme wäre in diesem Fall immer noch satte 16.38 Milliarden €.

Am Ende dieses Diskurses hat man natürlich die Frage zu beantworten, ob es in einem Rechtsstaat rechtens ist, auf diese Weise dem einzelnen Bürger etwas wegzunehmen. Auch dazu finden wir im (noch gültigen) Grundgesetz eine überzeugende Antwort:

GG Artikel 14 (3): "Eine Enteignung ist nur zum Wohle der Allgemeinheit zulässig..." Im weiteren Gesetzestext wird zwar im Sinne der Gerechtigkeit auf mögliche Entschädigungen verwiesen, was flüchtig betrachtet, ein relevanter Rechtsanspruch sein könnte. Sollte man diesen Gedankengängen folgen, ist es genau so legitim den Zahler der Vermögensteuer zur Nachzahlung für die Nutzung der allgegenwärtigen Infrastruktur und ergänzende finanzielle Rückerstattungen an die von ihm genutzten oder exakter ausgedrückt, ausgenutzten bzw. ausgebeuteten Arbeitnehmer, vorzunehmen!

4.7   Veränderungen der Erbschaftsteuer

Im Gegensatz zur Vermögensteuer kommt in der BRD eine Erbschaftsteuer zur Anwendung.

In diesem Falle hatte sich der Staat zu Recht vom persönlichen Eigentum der sogenannten Erblasser bedient. Die Begründung der Rechtmäßigkeit kann man mit wenigen Unterschieden aus den Erläuterungen zur Einführung der Vermögenssteuer übernehmen. Das Entscheidende ist und bleibt das Maß der Dinge und anzuerkennen, dass das Gemeinwohl in einem solidarisch und sozial geprägten Staat, vor dem persönlichen Wohlergehen rangiert, wenn es vor allem um die Rahmenbedingungen für das Leben aller Menschen der Gesellschaft geht.

Na, dann war ja diesbezüglich alles im Lot. Weit gefehlt. Wie sah das "Maß der Dinge" 2016 für die Erbschaftsteuer konkret aus?

Deutsche vererbten in diesen Jahren, laut mehrerer Studien, um 400 Mrd. € pro Jahr. Davon wurden aber nur ca. 109 Mrd. € erfasst, wovon dann letztendlich tatsächlich nur 38 Milliarden Euro, sichtbar für das Finanzamt, vererbt wurden, woraus sich letztendlich

7 Milliarden Euro als Steuereinnahmen ergaben.

(Siehe ARD - Fernsehsendung: "Hart aber Fair", 7.5.2018, 21:00 Uhr).

Obwohl jeder einzelne Euro hilfreich sein kann, ist diese Steuerquote gerade zu lächerlich. Sie entspricht noch nicht einmal 2% von den tatsächlich vererbten 400 Mrd. € pro Jahr!

Ursachen für diese geringe Steuerquote sind drei Sachverhalte: unzureichende Kontrolle bei Vererbungen, zu hohe Steuerfreibeträge für die Erben und weitreichende Schonung von Betriebsvermögen.

Genau bezüglich dieser Sachverhalte sollten die Veränderungen zur Erbschaftsteuer ansetzen. Angemessen wäre eine Steuerquote von 10%, gleich 40 Mrd.€ pro Jahr.

4.8   Recht, Gerechtigkeit und Justiz

4.8.1   Grundgedanken

Der Verfall einer Staatsordnung erfolgt in der Gesamtheit seiner Struktur oft zeitlich unterschiedlich. Manchmal erweist sich die Wirtschaft zunehmend unfähig die Notwendigkeiten, Bedürfnisse und Wünsche der Mehrheit der Bevölkerung zu erfüllen. Vorher, danach oder auch gleichzeitig folgt die Politik. Sie gerät immer mehr in das Dilemma, den Reichen ihre finanzielle Gier nicht mehr befriedigen zu können, ohne der Masse der Bevölkerung einen Teil ihrer sozialen Errungenschaften wieder wegnehmen zu müssen. In diesen Auseinandersetzungen hat die Justiz Hochkonjunktur. Sie ist gefragt wie nie zu vor. Man verteidigt seinen Besitz und ist bemüht Verluste zu minimieren. Vorrangig erscheinen die Reichsten bei den Advokaten. Sie haben das nötige Geld Rechtsanwälte zu bezahlen, um ihr Vermögen ungemindert zu behalten. Das gelingt meistens aus zweierlei Gründen: Einmal weil der Besitzende den größten Teil seines Reichtums schon vorab eventuellen Richtersprüchen entzogen hat. Dafür gibt es nicht nur den Geldtransfer ins Ausland auf sogenannte Steueroasen, nein, es greifen auch wesentlich simplere Methoden. Man vererbt, verleiht, kauft (fast) Wertbeständiges, erwirbt Immobilien, tauscht Geld in Gold, spekuliert noch umfangreicher mit Aktien und Wertpapierfonds auf den internationalen Finanzmärkten.

Der zweite Grund für das Erscheinen vor Gericht wird aus dem Verhalten der Gerichte ersichtlich. Je reicher man ist, desto weniger hat man zu befürchten. Man lässt sich von einer Armada der fähigsten Rechtsanwälte vor den Richtern und ihren Urteilen schützen und das gelingt meistens.

In einer Diktatur des Geldes, wie der des Kapitalismus der letzten Stufe, wäre es kaum nachvollziehbar, wenn der Status des eigenen Besitzes vor Gericht fast automatisch keine strafmildernde Wirkung hinterlässt.

Die Justiz des Spätkapitalismus ist weder unabhängig von der Politik, noch von der Kaste der Reichen. Genügend Beispiele zeigen, dass sich zu viele Advokaten mit Ihnen arrangieren. In einigen Fällen geht man auch gegen die Mächtigen vor, die aber in diesem Moment schon ihre Privilegien mit extrem auffälligen Verhaltensweisen verspielt haben und sich damit von selbst einreihen in die Masse derer, die man versucht auf der Basis von Recht und Gesetz zu bestrafen. Es gibt also nicht nur eine "Zweiklassenmedizin", sondern auch eine "Zweiklassenjustiz"!

Neben dieser krassen Fehlentwicklung im Bereich der Justiz, die zeigt, dass es vor Gericht keine Gleichbehandlung für alle Bürger gibt, sondern eine den Klassen und Schichten der Gesellschaft zugeneigte sehr unterschiedliche, erstickte die Rechtsprechung in Bürokratie, Langsamkeit der Bearbeitung der Verfahren, oft in Begünstigung der Täter und Verhöhnung der Opfer. Hinzu kam mit großer Wahrscheinlichkeit eine spürbare Unterwanderung von einer nicht kleinen Anzahl von Justizbeamten mit nationalsozialistischem Gedankengut.

Nur so ist erklärbar, dass über zehn Jahre, etwa von 2002 bis 2011, eine Gruppe von Neonazis 10 Morde in Deutschland durchführen konnte. Die Ermittlungen begrenzten sich auf die Taten, waren oberflächlich, schonten mögliche Hintermänner und noch schlimmer, suchten die möglichen Täter fast ausschließlich in den Reihen der Migranten, aus denen fast alle Opfer kamen.

4.8.2 Regelung der Staatsbürgerschaft und der Gebrauch eines Ein- und Auswanderungsgesetzes

Die deutsche Staatsbürgerschaft ist ein hohes Gut für alle Menschen. Die Aufnahme und deren Inanspruchnahme gewährt jedem Einzelnen bedeutsame Rechte, Schutz seiner Persönlichkeit und fordert von ihm die Erfüllung staatsbürgerlicher Pflichten. Die grundsätzlichen Rechte und Pflichten der Deutschen Staatsbürgerschaft sind in der Verfassung der Solidarischen Republik Deutschland (SDR) festgelegt und im Ein- und Auswanderungsgesetz detailliert ausgewiesen.

Die deutsche Staatsbürgerschaft erhalten automatisch alle in Deutschland Geborenen. Mit Vollendung ihres 18. Lebensjahres werden sie aufgefordert ihre Zugehörigkeit zu bestätigen oder aus der Staatsbürgerschaft auszutreten. Mit der Deutschen Staatsbürgerschaft ist man gleichzeitig Mitglied der Europäischen Union bzw. des Europäischen Bundesstaates. Darüber hinaus kann man bei Erfüllung der Anforderungen, in einem weiteren Land Staatsbürger sein. In solchen Fällen muss die jeweilige Person entscheiden, in welchem Staat sie ihren steuerlichen Verpflichtungen nachkommen wird.

Folgende Bedingungen müssen erfüllt werden, um Staatsbürger der SRD zu werden:

Vorlage eines polizeilichen Führungszeugnisses des bisherigen Heimatlandes.
Teilnahme an einem dreimal fünfstündigen Unterricht zur Unterweisung und Erläuterung von besonders wichtigen Verhaltensanforderungen für das Leben in Deutschland.
Umgangssprachliches Beherrschen der deutschen Sprache in Wort und Schrift. Dieser Nachweis ist gegenüber von Mitgliedern der Deutschen Botschaften zu erbringen.
Vorlage eines mindestens einjährigen Arbeitsvertrages einer deutschen Firma.
Bei fehlendem Arbeitsvertrag muss der Einwanderungswillige eine Summe in Höhe des zwölfmaligen Grundeinkommens bei den deutschen Behörden vorweisen und seiner Arbeitspflicht als Bezieher des Grundeinkommens bei seiner Kommune nachkommen, wo er wohnhaft wird.
Nach Erfüllung der Aufnahmekriterien werden die Antragsteller auf die Verfassung der SDR vereidigt.
Vorerst erhalten sie einen deutschen Pass, der nur für ein Jahr Gültigkeit besitzt, was einem Probejahr gleichkommt.
Am Ende dieses ersten Jahres wird behördlich eingeschätzt, ob und inwieweit der neue Staatsbürger insbesondere seinen Pflichten nachgekommen ist. Bei strafrechtlichen Vergehen müssen die Einwanderungswilligen kurzfristig Deutschland wieder verlassen.

Für die Bürger des Europäischen Bundesstaates gilt das Einwanderungsgesetz nicht. Sie können nach Belieben ihren Standort innerhalb des Europäischen Bundesstaates verändern. Dabei muss jeder der polizeilichen Ab- und Anmeldepflicht nachkommen.

Zugehörig zum Einwanderungsgesetz gilt das Auswanderungsgesetz. Das Auswanderungsgesetz wird erst wirksam, wenn jemand den Europäischen Bundesstaat und damit auch seinen Nationalstaat dauerhaft und endgültig verlässt. Kriterien sind dabei, dass er seinen Wohnsitz aufgekündigt sowie keine Steuerverpflichtungen und Sozialabgaben mehr zu leisten hat. Bevor er aus der Staatsbürgerschaft entlassen wird, muss er im zutreffenden Fall vom Staat geleistete und von ihm beanspruchte Ausbildungs- und Studienkosten anteilig zurückerstatten.

Im Ergebnis eines Richterspruches kann, je nach Schwere der Straftat, die Staatszugehörigkeit zur SDR/Europäischen Bundesstaat zeitweise oder auch dauerhaft entzogen werden.

4.8.3 Asylrecht

Für nachweisbar politisch Verfolgte und Menschen die in Kriegsgebieten leben, gilt das Asylrecht. Grundlage des Asylrechts bilden die entsprechenden internationalen Abkommen, denen die SRD und der Europäische Bundesstaat beigetreten sind.

In einem beschleunigten Verfahren wird Ihnen auf unbürokratische Art und Weise Hilfe gewährleistet, so lange eine Rückkehr in ihr Heimatland, ohne Repressalien zu erleiden, unmöglich ist. Diese Personen erhalten nicht die deutsche Staatsbürgerschaft, sondern eine befristete Aufenthalts - und Arbeitsgenehmigung, bis sie ohne Probleme in ihr Herkunftsland zurückkehren können.

Die Arbeitsgenehmigung wird spätestens nach vier Wochen in eine Arbeitspflicht, zu leisten bei einer privaten Firma oder bei einer Kommune, dann in Verbindung mit dem Erhalt des arbeitspflichtigen Grundeinkommens, umgewandelt. Gleichzeitig erhalten sie Unterricht zum Erlernen der deutschen Sprache.

Asylanträge können nur in deutschen Botschaften des Heimatlandes oder anderer Staaten gestellt werden. In kriegsbedingten Ausnahmefällen kann der Asylantrag direkt an der Grenze der SRD bzw. des Europäischen Bundesstaates eingereicht werden.

Der Asylantrag besteht aus dem Pass des bisherigen Staates und weiteren Dokumenten, die die persönliche Identifikation zweifelsfrei ermöglichen. Darüber hinaus sind nach Möglichkeit Zeugnisse und Dokumente über Schul-, Berufs - und Studienabschlüsse vorzulegen.
Um chaotische und für die Betroffenen lebensbedrohliche Flüchtlingsströme nicht wieder zuzulassen, wie zum Beispiel 2015, werden die Asylsuchenden aus ihren Heimatländern oder unmittelbaren Nachbarstaaten mit Eisenbahnen oder Flugzeugen in die SRD bzw. in den Europäischen Bundesstaat transportiert.

Das Flugzeug bzw. die Eisenbahn dürfen die Asylanten erst dann besteigen, wenn ihre Überprüfung abgeschlossen ist und sie eine Erklärung unterschrieben haben, die die wichtigsten Verhaltensregeln in der SRD beinhalten. Sie werden auch darüber informiert, wie die Verstöße gegen diese Regeln geahndet werden, bis hin zum Rücktransport ins Heimatland.

Sollten Asylanten sich bereits länger als ein Jahr in der SDR aufhalten, können sie auf der Grundlage des Einwanderungsgesetzes die deutsche Staatsangehörigkeit beantragen, vorausgesetzt sie erfüllen die beschriebenen Bedingungen.

Stärkung des Sozialstaates und Entwicklung des gesellschaftlichen Fortschritts

4.9   Worum geht es?

Es geht nicht um einen grundlegenden gesellschaftlichen Systemwechsel, vom Kapitalismus westlicher Prägung zurück zu einer Form des gescheiterten DDR - Sozialismus, sondern um einen Wandel im System selbst. Wie an anderer Stelle bereits erläutert, ist dafür das notwendige Geld vorhanden, vorausgesetzt man hat den Willen einen Teil dieses bei den Superreichen "geparkten" Geldes, durch eine Umverteilung für die Entwicklung und Gestaltung der Solidarischen Republik Deutschland zu nutzen. (S. Kriterien der Vermögenssteuer).

4.10 Das entökonomisierte Gesundheitswesen mit größtmöglicher Wirksamkeit für alle Bürger

Anfänglich des 21. Jahrhunderts ist auch das Gesundheitswesen der BRD zunehmend geprägt von dem gravierendsten Wesenszug des Kapitalismus, der ungezügelten Profitbeschaffung. Das betrifft die duale Krankenversicherung, ca. 10% der besserverdienenden Bevölkerung sind privat versichert und die anderen 90% bei einer Vielzahl von gesetzlichen Krankenkassen. Diese Zweiklassenmedizin hat zur Folge, dass die kleinere Gruppe schneller und besser medizinisch versorgt wird und für die große Masse der Bürger trifft das Gegenteil zu. Ärzte die mehr oder ausschließlich Privatpatienten behandeln, bekommen in diesen Fällen mehr Geld von den jeweiligen Krankenkassen. Bei einem Krankenhausaufenthalt setzt sich die Bevorzugung des Privatpatienten fort. Er hat z.B.: Anspruch auf ein

Einzelzimmer und auf die Behandlung durch den Chefarzt. Fachärzte versuchen sich vorwiegend mit ihren Arztpraxen dort anzusiedeln, wo in ihrem Umfeld anteilig mehr Privatpatienten wohnen, also in den Lebensbereichen der Besserverdienenden, vor allem in großen Städten. Daraus ergibt sich nach und nach eine medizinische Überversorgung in vielen Stadtbereichen und ein Ärztemangel auf dem Land.

In den Krankenhäusern hat man, vorgegeben durch ihre Besitzer, den Auftrag neben der Realisierung der Therapie, möglichst viel Geld zu verdienen. Das geschieht auf verschiedene Art und Weise: Einsatz von möglichst wenigen Ärzten und Pflegekräften, Auswahl und Einsatz von kostengünstigen Arzneimitteln und Begrenzung oder Verlängerung der Anzahl der Aufenthaltstage der Patienten im Krankenhaus auf der Basis einer gewinnbringenden Bettenauslastung.

Diese Struktur der medizinischen Versorgung hat zur Folge, dass die Reichen gegenwärtig durchschnittlich 10 Jahre länger leben als Menschen der ärmeren Bevölkerungsschichten.

Auf dem Weg zur SRD verändert man grundsätzlich und rasch dieses für die Mehrheit der Bevölkerung unsolidarische Gesundheitswesen.

Die zukünftig geltenden politischen Grundaussagen lauten:

Die medizinische Versorgung aller Staatsbürger ist abzukoppeln vom Profitstreben.

Eine (!) Gesundheitsversicherung finanziert alle medizinischen Leistungen auf die jeder Patient gleicher Maßen Anspruch hat. Alle Krankenhäuser sind staatlich. Ärzte in privaten Niederlassungen ergänzen flächendeckend die medizinische Versorgung. Die Vergabe der Standorte für die Niederlassungen wird staatlich geregelt. Die Aufnahme des Medizinstudiums ist gebunden an die Verpflichtung nach Abschluss der medizinischen Ausbildung für mindestens 5 Jahre, dort als Arzt tätig zu werden, wo man gebraucht wird. Als Bindeglied zwischen Krankenhäusern und privaten Arztpraxen entsteht ein Netzwerk von Polikliniken in denen mehrere Ärzte verschiedener Facharztbereiche tätig sind. In diesen Einrichtungen kann beste Medizintechnik gemeinsam und damit effektiv genutzt werden. Stationäre Behandlungen sind in diesen Einrichtungen nicht vorgesehen. Die erforderliche Medizintechnik und das Gebäude werden vom Staat finanziert.

Außer die Bezieher des Grundeinkommens entrichten alle anderen einen nach dem Einkommen differenzierten Beitrag an die Krankenkasse. Eine Begrenzung bzw. Deckelung des Krankenkassenbeitrags, ab einer bestimmten Einkommenshöhe, entfällt.

Gesundheitsvorsorge und deren Würdigung durch die Krankenversicherung wird zu einem motivierenden

Faktor zum Erhalt und der Stärkung der Volksgesundheit ausgebaut.
Jede Erfüllung der Teilnahme an einer Vorsorgeuntersuchung führt in der Summation zur Verringerung des persönlichen Krankenkassenbeitrages.

Alle Nichtraucher, nachgewiesen über eine amtsärztliche Untersuchung, erhalten einen dauerhaften Sonderbonus zur Reduzierung ihres Krankenkassenbeitrages.

Nachweislich realisierte sportliche Aktivitäten, registriert über ein entsprechendes digitales System, verbunden mit der Krankenkasse, erbringt ebenfalls eine Senkung des eigenen Krankenkassenbeitrages.

Alle Impfungen, die Epidemien verhindern können, werden zur Pflicht für alle dafür aufgerufenen Personen. Nichtteilnahmen werden sanktioniert, indem zeitweise oder dauerhaft der Krankenkassenbeitrag erhöht wird.

4.11 Die Neugestaltung der Altenpflege

Mit der sich immer weiter verlängernden Lebenszeit der Menschen, gewinnt die Altenpflege ständig an Bedeutung. Trotz aller gesundheitsfördernden - und erhaltenden Maßnahmen ist der Alterungsprozess nur zu verlangsamen, aber (noch) nicht aufzuhalten. Als Folge gibt es nicht nur immer mehr Menschen im Rentenalter, sondern viel mehr Pflegebedürftige.
Die Pflege durch Familienangehörige wird zwar immer noch praktiziert und unterstützt, durch zeitweilige Freistellung von der Berufstätigkeit und durch den Erhalt

des Grundeinkommens in dieser Zeit, kann aber der veränderten Situation immer weniger gerecht werden, da die zunehmende Globalisierung der Welt, die auch die Familienmitglieder meist räumlich voneinander trennt und so Pflegeleistungen durch sie erschwert oder gänzlich verhindert.

Deshalb ist es dringend erforderlich bezüglich der Altenpflege einen prinzipiell anderen Ansatz für deren Bewertung in der Gesellschaft, der Struktur und Organisation, der Bedeutung der Pflegeberufe und der finanziellen Ausstattung zu diskutieren und festzulegen.

Grundsätzlich ist die Altenpflege wie das Gesundheitswesen zu behandeln.
Das bedeutet:
Jeder Bürger hat einen gesetzlichen Anspruch auf einen Pflegeplatz in einer entsprechenden Einrichtung, wofür das Grundeinkommen der Rente eingesetzt wird und der zu pflegenden Person daraus noch ein Taschengeld belässt. Weitere finanzielle Notwendigkeiten werden mit Steuermitteln beglichen.

Staatliche und private Pflegeeinrichtungen gewährleisten einen ausreichenden Bestand an Pflegeplätzen und vor allem ein gut ausgebildetes Personal.
Die privaten Pflegeeinrichtungen unterliegen in allem den Normen der staatlichen Einrichtungen.
Die Ausbildung im Pflegeberuf wird deutlich aufgewertet.
Die Berufsausbildung erlangt Fachschulniveau und dauert in der Grundstufe
3 Jahre. In einem vierten Jahr können die Auszubildenden Spezialkenntnisse erwerben. Die Bezahlung erfolgt nach

gesetzlichen Vorgaben und bewegt sich im Niveau von Krankenschwestern - und Pflegern in Kliniken. Weiterhin sollte geprüft werden, ob eine Ausbildung zum Facharzt für Altenpflege, einzuführen ist.

4.12 Sozialer Wohnungsbau

Im Ergebnis der Profitgier des Kapitalismus verschlechterten sich die Wohnverhältnisse für immer mehr Menschen in der BRD. Besitzer von Wohneigentum vermieteten zu ständig steigenden Preisen ihre Wohnungen. Vereinfacht ausgedrückt führte das zu einem Selektionsprozess zwischen arm und reich. Vor allem in den großen Städten sammelten sich immer mehr Familien in dem Stadtteil in dem für sie noch bezahlbarer Wohnraum angeboten wurde. Dafür siedelten sich die Reichen in den attraktiven Gegenden an, wo für sie das Wohnen trotzdem bezahlbar blieb. Eine dritte Gruppierung, Menschen mit Migrationshintergrund, fanden sich fast in ghettohaften Ansiedlungen auf Grund von sehr geringen Mietforderungen zusammen und entwickelten, ob gewollt oder nicht, aber auf jeden Fall durch die Umstände gefördert, Parallelgesellschaften, da es die Politiker nicht geschafft hatten sie zu integrieren und damit grundsätzlich gleiche Lebenschancen zu ermöglichen. Ob dieses "teile und herrsche" Absicht war, bleibe dahingestellt. Die Spaltung der Gesellschaft vollzog sich auch auf diese Weise.

Die BRD tat lange Zeit nichts dagegen. Einerseits wurden zu wenige Sozialwohnungen gebaut, womit der zunehmende Bedarf nicht gedeckt werden konnte. Andererseits brachte die von der Regierung eingeführte

"Mietpreisbremse" keinen Stillstand in der Erhöhung der Wohnungsmieten.

Mit dem Aufbau der SDR wird Schritt für Schritt die Lösung des Wohnproblems herbeigeführt.

Es werden Jahr für Jahr bis zu 400.000 neue Wohnungen, vom Staat finanziert, gebaut. Dabei ist man bemüht neben der Erschließung neuer Wohngebiete auch Baulücken auszufüllen. Um der Spaltung der Bevölkerung entgegenzuwirken, wird die Bebauung so vollzogen, dass neben Sozialwohnungen im gleichen Wohnquartier anteilig Wohnungen auf hohem Niveau zur Vermietung an besserverdienende Bürger entstehen.

Einen gesetzlichen Anspruch auf eine Sozialwohnung hat in der Folgezeit jede volljährige Person die nur das Grundeinkommen erhält. Der Anspruch beinhaltete für jede Person ein Zimmer mit integrierter Kochnische von mindestens 35m2, Bad/Dusche mit Toilette und kleinem Vorsaal. Zwei Personen haben Anspruch auf 50m2, zusätzlich mit einem oder zwei, nicht volljährigen Kindern, auf 75m2.
Bei drei oder mehr Kindern wird eine Wohnung von 100m2 gewährt. Die anteilige Miete beträgt für jeden Erwachsenen 5% seines Grundeinkommens. Wer kein Grundeinkommen erhält, hat demzufolge keinen gesetzlichen Anspruch auf eine Sozialwohnung.

Bei freien Sozialwohnungen hat die kommunale Wohnungswirtschaft die Möglichkeit zeitlich befristet diese Wohnungen zu vermieten, dann zum ortsüblichen Tarif.

Sollte während der Nutzung einer Sozialwohnung von mehr als einem Mieter das Grundeinkommen sich wandeln in ein höheres Einkommen, wird für die nächsten zwei Jahre für diesen Mieter der Mietanteil von 5 auf 10% erhöht.

Scheiden alle Mieter einer solchen Wohnung aus der Versorgung durch das Grundeinkommen aus, können sie trotzdem in der Sozialwohnung verbleiben. Die Miete wird dann für sie nach den Mietpreisen der örtlichen Wohnungswirtschaft bestimmt.

Auf dem freien Wohnungsmarkt werden territorial bezogene Mietpreisobergrenzen in Abstimmung zwischen den Mietern und den Kommunen herbeigeführt.

4.13 Maßnahmen zur Senkung des privaten und betrieblichen Energie- und Wasserverbrauchs

Ressourcen erschöpfen sich durch einen ständig wachsenden Verbrauch. Zum Glück können erneuerbare Energien den Verschleiß zunehmend kompensieren.
Aber auch sie sind begrenzt in ihrer Reproduktion, so dass ständig steigende Anforderungen der menschlichen Zivilisation zunehmend schwerer zu erfüllen sind. Aus diesem Grunde gilt es den gesamtgesellschaftlichen Verbrauch an Öl, Strom, Gas und Wasser immer mehr einzuschränken. Dabei ist das Problem zu lösen, dass daraus erwachsende Einschränkungen sich nicht zu einer verringernden Lebensqualität führen dürfen.

Die Sache löst man nicht mit Verboten oder der Begrenzung bei der Nutzung von Ressourcen, sondern mit einer materiellen und finanziellen Motivierung und damit der Entwicklung des Bewusstseins der Verbraucher.

Auf der Basis dieser Überlegungen wird die SRD folgende Festlegungen treffen, die diese Vorgehensweise unterstützen:
Alle Bezieher von Grundeinkommen entrichten für ihre gemieteten Wohnungen nur dann Entgelte für Strom, Gas und Wasser, wenn sie die diesbezüglichen vorgegebenen Verbrauchsmengen überschreiten.

Alle oberhalb des Grundeinkommens verdienenden Verbraucher erhalten Verbrauchs - und Zahlungsvorgaben in Abhängigkeit ihrer monatlichen Einkünfte. Bei Unterschreitung der Verbrauchsvorgaben erhalten sie finanzielle Rückerstattungen.
Auf diese Art und Weise kann es gelingen den Verbraucher für einen bewussten Umgang mit den Ressourcen zu motivieren.

Vergesellschaftung von Instituten und Betrieben mit grundsätzlicher Bedeutung für eine gute Absicherung des Lebens aller Bürger

Bis jetzt gibt es keine wirtschaftlich effektivere Gesellschaftsordnung als den Kapitalismus, trotz aller nicht zu tolerierenden Auswüchse, insbesondere der ungerechten Verteilung der Ergebnisse der Wertschöpfung.

Ein bedeutsamer Schritt der gesellschaftlichen Weiterentwicklung besteht darin, die Bereiche der wirtschaftlichen Profitmachung von den sozialen Aufgaben, ohne Profiterzeugung, in der Gesellschaft zu trennen. Es gilt zukünftig dem Kapitalismus solidarisches und soziales Denken und Handeln beizubringen. Nur auf dieser Basis erlangt der Kapitalismus eine Zukunftsperspektive bis eine dem Kapitalismus überlegene Gesellschaftsordnung geschaffen sein wird. Im Detail heißt dies, dass alle wichtigen Erfordernisse für die Bevölkerung gebührenfrei zur Verfügung zu stellen sind und durch finanzielle Anreize ein Ressource schonendes Verbraucherverhalten zu fördern ist. Wie schon beschrieben gilt dies für das Gesundheitswesen, die Altenpflege, mit Einschränkungen für das Wohnen, den Nah -und Fernverkehr und alle Maßnahmen der Bildung und Erziehung.

4.14 Weiterentwicklung des Personenverkehrs in Verbindung mit schrittweiser Reduzierung von Umweltbelastungen

Die Erfüllung dieser Ziele erfordert eine wirkungsvolle Strategie, die nicht von Verboten gekennzeichnet wird, sondern von neuen Lösungsansätzen, die den Erfordernissen eines ständigen "Mehr" an Verkehr und von Fortbewegung immer umweltschonender gerecht werden kann.

Schwerpunkt dieser Strategie muss die Revolutionierung der Fortbewegungsmittel einschließen, insbesondere in Verbindung mit deutlicher Senkung des Energieverbrauchs, die permanente Reduzierung der

Umweltverschmutzung, die ständig zu erweiternde Nutzung von erneuerbarer Energie für alle Antriebe, die Verschiebung der Anteiligkeit bei der Wahl zwischen individuellen zugunsten öffentlicher Verkehrsmittel, einer noch stärkeren Verlagerung der Transporte von der Straße auf die Schiene, der Entlastung der Menschen als Fahrzeugführer durch Nutzung des autonomen Fahrens und der Schaffung von eigenständigen Fahrtrassen, deren Nutzung zu deutlich mehr Verkehrssicherheit führt.

Die Umsetzung dieser Strategie benötigt Visionen, ein detailliertes Konzept was den Erfordernissen, den technischen Möglichkeiten und Wünschen der Bevölkerung entspricht.

Dazu ungeordnet und unvollständig einige Überlegungen:

Autobusse -
verschwinden nach und nach aus den Stadtzentren, behalten ihre Bedeutung für den Personentransport als Zubringer für schienengebundene Fahrzeuge im ländlichen Raum.

Die Antriebe der Busse wandeln sich über deutlich effizienter werdende Dieselmotoren, die zunehmend weniger Schadstoffe ausstoßen, zu Fahrzeugen mit Elektromotoren, die mit Strom aus Batterien bzw. aus auf dem Fahrzeugdach befindlichen Solarzellen gespeist werden oder gewinnen die erforderliche Energie aus Wasserstoffzellen.

Autobusse können heute schon im nicht öffentlichen Bereich autonom fahrend eingesetzt werden. Diese Technologie wird alsbald das gesamte Bussystem erfassen und sie werden auch im öffentlichen Raum eingesetzt werden können. Insbesondere Haftungsfragen bedürfen vorab noch der Klärung.

China hat in Versuchen bereits gezeigt, dass Straßenbahnen und Busse in einem gemeinsamen Verkehrsmittel verschmelzen können, indem die althergebrachten Schienen als Fundament für die Tram verschwinden und die Bahnen aus, in den Straßen eingelassenen Kontaktschleifen, ihre elektrische Antriebsenergie erhalten. Bei allen Vorteilen, gibt es dabei den Nachteil, dass die Bahn damit keinen eigenen Verkehrsraum mehr zur Verfügung hat bzw. den vorhandenen Platz auf der Straße zusätzlich verdichtet und mit anderen teilen muss.

Carsharing -
dient der gemeinsamen und doch individuellen Nutzung von Fahrzeugen, vorrangig im öffentlichen Personennahverkehr. Bereits seit ungefähr 2010 wurde diese Form der Teilnahme am Straßenverkehr zunehmend angenommen und praktiziert. Das begann mit ausleihbaren Fahrrädern, folgte mit PKW und wurde in geringerem Maße mit Kleintransportern fortgesetzt. Das Prinzip ist heute in der Bevölkerung bereits den meisten bekannt. An festgelegten Standorten werden die Fahrzeuge abgeholt und nach Beendigung der Nutzung wieder abgegeben. Dabei müssen die Parkstellen bei Abholung und Rückgabe nicht die gleichen sein. Die Fahrzeugbuchung und Kostenbegleichungen erfolgen elektronisch. Carsharing verringert insgesamt die Anzahl von polizeilich zugelassenen Fahrzeugen und mindert,

heute noch geringfügig, vor allem die Verkehrsdichte in den großen Städten und urbanen Ballungszentren.

Einheitliche Schienenfahrzeuge -
Wie schon geschildert werden mehrere Transportsysteme zu einem einzigen verschmelzen. So ist zu erwarten, dass sich nicht nur Autobusse und Straßenbahnen zu einem Verkehrsmittel vereinigen, sondern neben diesen beiden auch eine weitere Verschmelzung mit S - und U - Bahnen erfolgt. Im Konkreten heißt das, dass ein und dasselbe Transportmittel für möglichst viele Personen teilweise über - und untererdig, ohne die Nutzung von Schienen, meist auf eigenen Fahrtrassen und ohne Fahrzeugführer die Menschen mit höherer Geschwindigkeit von "A" nach "B" bringen werden.

Der Antrieb solcher Fahrzeuge wird elektrisch erfolgen. Die Bereitstellung der benötigten Elektroenergie erfolgt aus Batterien neuester Technologien, vorrangig durch Windkraft erzeugt. Ein Teil des Stromes wird bei der Nutzung des Fahrzeuges selbst und unmittelbar erzeugt, indem von den sich drehenden Rädern sofort Energie in das Antriebssystem abgeleitet wird. Das betrifft nicht nur die direkten Antriebsräder, sondern auch die mitlaufenden Räder.

Ein sicher kleinerer Teil der benötigten Elektroenergie wird aus am und auf dem Fahrzeug angebrachten Solarmodulen bereitgestellt werden. Neben den Dachflächen wird zukünftig auch die seitliche Fahrzeugverglasung für Solarmodule nutzungsfähig sein.

Dieses vereinheitlichte Fahrzeug wird vor allem in und zwischen großen Ballungsräumen von Menschen benutzt werden. In den Stadtzentren werden sie zukünftig nur noch untererdig fahren. Die Nutzung dieser Fahrzeuge ist unentgeltlich.

Fortbewegung der Fußgänger -
Da die Stadtzentren ebenerdig prinzipiell von PKW und größeren Modulen zur Personenbeförderung freigehalten werden sollen, sind eine Vielzahl von Fortbewegungshilfen für die Fußgänger zu entwickeln und einzusetzen.
Dafür eignen sich horizontale und vertikale Transportbänder, Rolltreppen, horizontale Seilbahnen für Straßenüberquerungen und zur Bewältigung längerer Wegstrecken.

Für ältere oder behinderte Menschen werden Elektromobile für zwei bis vier Personen bereitstehen, die auf den Fuß - und Radwegen ohne Führerschein gefahren werden können. Wer ein solches Fahrzeug nutzen will, benötigt für sein Smartphone einen entsprechenden Code, den man nach Altersangabe oder auf Grund gesundheitlicher Probleme, gebührenfrei erhält.
Diese Elektromobile werden von dafür gekennzeichneten Parkinseln abgeholt und wieder geparkt. Personen die diese Fahrzeuge nutzen dürfen, erhalten eine App mit welcher sie jeder Zeit erkennen, wo man eins dieser Mobile zum Gebrauch abholen kann. Um Wartezeiten zu vermeiden sind auch elektronische Vorbestellungen möglich.

PKW -

Das von allen "geliebte" Auto wird für den Individualverkehr grundsätzlich erhalten bleiben, denn wer lässt sich schon sein bestes Spielzeug wegnehmen. Natürlich niemand!

Aber gravierende Veränderungen wird und muss es geben. Die PKW - Antriebe werden in Etappen bei ihrer Nutzung immer schadstoffärmer. In naher Zukunft werden sie nur noch geringfügig Schadstoffe verursachen.
Das autonome Fahren wird eingeführt und verdrängt nach und nach den Fahrer von seiner bisherigen Aufgabe, das Fahrzeug zu führen.
Speziell in Folge dieser Entwicklung werden Unfälle mit Verkehrstoten und Verletzten drastisch zurückgehen.

Grundsätzlich dürfen Kernbereiche der Innenstädte mit PKW nicht mehr befahren werden. Alle Autos müssen außerhalb solcher Zonen geparkt werden. Dafür eingerichtete Parkhäuser und Parkflächen sind von der eigenen Wohnung mit den bereits beschriebenen Fortbewegungshilfen für Fußgänger und Behinderte zu erreichen.

Kostenfreie Teilnahme am öffentliche Personennah- und Fernverkehr -

Zur Motivierung für eine möglichst umfangreiche Nutzung der öffentlichen Verkehrsmittel, können Fahrgäste diese Fahrzeuge gebührenfrei nutzen.
Die Finanzierung erfolgt aus Steuermitteln.

Modernisierung der Autobahnen -
2018 gab es in der BRD rund 13.000km Autobahnen. In den Folgejahren kamen weitere Kilometer hinzu. Neben der Verlängerung, der Verdichtung des Autobahnnetzes und des sechs - und achtspurigen Ausbaues, und der damit verbundenen Vergrößerung des Verkehrsraums, wurden Stück für Stück die Fahrbahnbelege bei so wie so anfallenden Instandsetzungen mit Flüsterasphalt belegt, der nicht nur die Abrollgeräusche der Räder leiser macht, sondern den Abrollwiderstand verringert. Im Ergebnis wird damit auch Antriebsenergie gespart.

Verschiedene Maßnahmen helfen die Anzahl der Unfälle, mit Verletzten und Toten, deutlich zu reduzieren. Dazu gehört die komplette Installierung von Beleuchtungselementen für die Autobahnen, Integration von Heizungsspiralen in der Fahrbahndecke, die sich mit Frosteintritt an gefährdeten Stellen selbständig einschalten und die hundertprozentige Verhinderung, dass man in die falsche Fahrtrichtung auf die Autobahn auffahren kann, indem ein mit Sensoren gesteuertes Schrankensystem das Weiterfahren unterbindet und insbesondere die Verringerung der Tempolimite.

Lastkraftwagen dürfen nur noch auf der rechten Fahrspur, ohne zu überholen, fahren. Die rechten Leitplanken werden für die LKW zum Mittler von Elektroenergie, die die LKW zum Fahren benötigen. Die Energiespender sind Windräder und Solarmodule.
Unabhängig dieser die Sicherheit fördernden Maßnahmen werden die Fahrtgeschwindigkeiten, von außen auf die Fahrzeuge einwirkend, elektronisch,

je nach aktueller Fahrzeugdichte auf dem jeweiligen Autobahnabschnitt, reguliert.

Zusätzlich werden erstmalig doppelstöckige Autobahntrassen gebaut um Verkehrsstaus nach Möglichkeit zu unterbinden und die Unfallgefahr deutlich herabzusenken. Längere Autobahnabschnitte mit einer besonders hohen Verkehrsdicht werden deshalb durch eine Überbauung mit einer zweiten Fahrbahn versehen, was fast zur Verdopplung der Verkehrsfläche führt und damit könnte man LKW und PKW getrennte Fahrbahnen zuweisen.

Verknüpfung von unterschiedlichen Verkehrssystemen

Nachdem die Verantwortlichen der öffentlichen Verkehrsmittel von Fahrpreisforderungen gegenüber ihren Nutzern freigesprochen werden, kommt es bei den Fahrgästen zum Umdenken. Zunehmend erhöht sich die Bereitschaft das eigene Auto in der Garage zu lassen und das gebührenfreie Angebot der öffentlichen Verkehrsmittel zu nutzen. Dieses sich ändernde Verhalten motiviert die Verantwortlichen die eigenen Anstrengungen für den Ausbau des öffentlichen Nahverkehrs enorm zu steigern. Der öffentliche Nahverkehr wird netzartig erweitert, indem stets die Anbindung des einen Systems an das andere fahrgastgerecht erfolgt. Dazu gehören zeitschonende Umsteigemöglichkeiten, gemeinsame Haltestellen der verschiedenen Verkehrsmittel und Prioritätensetzung bei der Frequentierung der Fahrtziele entsprechend der Hauptverkehrsströme.

Neben diesen, zwar vor allem energetisch deutlich verbesserten Verkehrsmitteln, werden völlig neuartige Transportsysteme den Personennah – und Fernverkehr bezüglich der Transportkapazität, der Reichweite, der Geschwindigkeit, auch bei Nutzung des Luftraumes, optimieren.

Inzwischen haben Startup– Unternehmen, auch in Deutschland, mobile Luftfahrzeuge konstruiert die senkrecht starten und landen können und deren Einsatz momentan als Lufttaxis für 4 bis 10 Personen geplant ist. Anfangs sind wohl Zubringerflüge von 10 bis 30km vorgesehen. Der Antrieb ist Hundertprozent elektrisch. Ob und inwieweit damit im größeren Umfang ein wirksames Mittel für den Personentransport geschaffen werden kann, wird die Zukunft zeigen. Die Überlegungen der Konstrukteure gehen sogar so weit, dass ähnlich wie bei Straßenfahrzeugen, die Fahrprüfung ausreichen wird um das Fluggerät eigenständig nutzen zu dürfen. Mit dieser Zielstellung wird ein besonders hoher Sicherheitsanspruch an dieses, dem heutigen Hubschrauber ähnlichen Fluggerät, gestellt. Auf jeden Fall wurde die Flugfähigkeit dieser Konstruktion inzwischen erfolgreich nachgewiesen!

4.15 Gedanken zur Erschließung weiterer erneuerbarer Energiequellen

Inzwischen sind die Gewinnung von Elektroenergie mit Hilfe von Windrädern und Solarmodulen bereits erfolgreich erprobte Technologien. Aber das reicht nicht, die Palette der Möglichkeiten zur Energiegewinnung ist weiter zu erschließen. Denn mittelbar ist Energie als Basis der Kette der Wertschöpfung nicht wegzudenken.

Jeder Gedanke ist zu denken, dabei geht es nicht nur darum den Wirkungsgrad bekannter Energieerzeuger zu erhöhen, sondern weitere Energiespender zu finden und nutzbar zu machen.

Zum Beispiel ist zu prüfen inwieweit die Wasserbewegungen von Ebbe und Flut am Rande der großen Ozeane dafür genutzt werden können. Eventuell macht es Sinn generell Wellenbewegungen zur Erzeugung von Elektroenergie zu gebrauchen. Hierbei ergibt sich die Möglichkeit der Verbindung zu Offshore Parks der Windräder, vor allem in Hinblick der gemeinsamen Nutzung der Netze zum Transport des gewonnenen Stromes.

Selbst das menschliche Gehen ist nur mit Hilfe von Muskelkontraktionen möglich.
Dabei erzeugte, aber nicht vollständig genutzte Energie, kann möglicherweise "am Mensch" gespeichert werden, um bei Bedarf genutzt werden zu können.

Sicher klingt manches noch sehr fragwürdig. Und trotzdem, sollte man jedem Gedanken nachgehen, denn nur so wird man sich dem Machbaren nähern!

4.16 Vorbereitung der Menschen auf die Digitalisierung und Automatisierung

In Vorbereitung der Bundestagswahlen 2017 in der BRD wurde von allen Vertretern der Parteien permanent der Begriff der Digitalisierung gebraucht. Unklar blieb was die Parteienvertreter damit verkünden wollten. Ging es ihnen nur darum die Anforderungen der Zukunft für die Werktätigen in der Wirtschaft und in der ganzen Gesellschaft zu erklären oder die Menschen daran zu gewöhnen, dass es alsbald in großem Umfange weniger Arbeitsplätze geben wird, wenn aus vorwiegend praktischer und manchmal körperlicher Arbeit digitales Tun wird? Sicher war beides gemeint. Diese Verkündung beweist nur, dass die Oberen des Staates noch nicht konkret genug über Chancen, Probleme und Erfordernisse des Wandels zur Digitalisierung nachgedacht hatten.

Gemeinsam haben wir zu begreifen, dass die digitalisierte Wirtschaft für die gleiche oder auch erhöhte Wertschöpfung deutlich weniger, aber sehr gut ausgebildete Arbeitskräfte benötigt. Als Folge werden wesentlich mehr Werktätige arbeitslos, wenn es nicht inzwischen das arbeitspflichtige Grundeinkommen geben wird, was eine zielorientierte Fortbildung und Qualifizierung einschließt und den Neustart in der Privatwirtschaft, dann auch in anderen Wirtschaftsbereichen, ermöglicht und fördert.

Die Digitalisierung steigert energisch die Arbeitsproduktivität und sichert auch die finanzielle Basis für alle Menschen die Bezieher der verschiedenen Grundeinkommen sind.

Aber diese Aussage war im Wahlkampf 2017 nicht zu hören. Man ließ alles im Ungefähren, statt zumindest in Eckpunkten ein Konzept für die Entwicklung der Digitalisierung darzustellen und damit auch den Menschen ihre Zukunftsängste zu nehmen.

An dieser Stelle macht es Sinn, nochmals auf Rente, Zeitpunkt des Eintritts ins Rentenalter und die befürchtete, weitere Überalterung und Schrumpfung der Gesellschaft einzugehen. Bisher verkündeten alle maßgeblichen Politiker und auch mancher Ökonom, dass die ständig zunehmende Überalterung zur wirtschaftlichen und finanziellen Katastrophe der Gesellschaft führen wird. Bei dieser Betrachtung unterschlugen die politisch Verantwortlichen des Staates bewusst, dass inzwischen viel weniger Werktätige mit Hilfe der Digitalisierung und Automatisierung in der Lage sind mit enorm gesteigerter Arbeitsproduktivität eine Wertschöpfung zu erreichen, die vorher nur mit wesentlich mehr Menschen zu schaffen gewesen wäre. Man braucht weder mehr spezialisierte Arbeitskräfte noch muss man das Renteneintrittsalter zum Erhalt von gut ausgebildeten Arbeitskräften hinausschieben. Damit das Beschriebene gelingen kann, muss nur die Verteilung der Gewinne aus der Wertschöpfung verändert werden. Nicht die private Profitgier, sondern das Gedeihen der Gesellschaft gilt es in den Mittelpunkt zu stellen.

5   Institutionen – Europa und die Welt

5.1   Bildung eines Europäischen Bundesstaates

Es wird ein langer und sehr beschwerlicher Weg, den es zu bewältigen gilt.

Europa war durch den I. und II. Weltkrieg im Chaos versunken. Die damaligen Herrschaftssysteme Deutschlands, das Deutsche Kaiserreich und nachfolgend Hitlerdeutschland waren, besonders bezüglich des II. Weltkrieges, ohne „Wenn und Aber", die Hauptverursacher des europäischen - und auch weltweiten nachhaltigen Elends.

Weitsichtige Menschen wie Winston Churchill, bis Ende des II. Weltkrieges Britischer Premierminister und danach wieder von 1951 bis 1955, soll schon damals einen europäischen Bundesstaat herbeigesehnt haben, um den Konfrontationen europäischer Staaten untereinander, endlich Einhalt zu gebieten.

1957 wurde der Anfang gemacht. Sechs Staaten unterzeichneten die Römischen Verträge und bildeten die Europäische Wirtschaftsgemeinschaft. (EWG). Sofort dabei waren neben der BRD und Frankreich, Belgien, Italien, die Niederlande und Luxemburg. Die Vertragspartner verfolgten von nun an eine gemeinsame Wirtschaftspolitik, vor allem in Form einer Zollunion. Wer zusammen arbeitet und vorrangig miteinander handelt, schießt nicht so schnell aufeinander!

In Erweiterung der politischen Ziele, die die Zusammenarbeit der beteiligten Europäischen Staaten verbessern sollte, wurde aus der EWG die Europäische Gemeinschaft (EG). Der diesbezügliche Vertrag wurde 1967 in Kraft gesetzt.

Letztendlich wurde am 1.11.1993 aus der EG die EU, die Europäische Union. Immer mehr Staaten traten der Union bei. 2016 waren 28 Länder in der EU. Das Europäische Parlament, der Europäische Rat und die Europäische Kommission waren die politischen Organe der Union. Leider mit nur wenigen Entscheidungsvollmachten. Letztendlich entschieden die einzelnen EU - Mitgliedsstaaten was sie mitmachen wollen und was nicht. Ganz augenscheinlich trat das in Verbindung mit der Flüchtlingskrise ab 2015 zu Tage. 20 der 28 EU - Staaten verweigerten mehr oder weniger die Aufnahme von Asylsuchenden. Im Ernstfall agierte man leider nicht als Staatengemeinschaft, sondern folgte nur eigenen, egoistischen, nationalen Interessen.

Die EU hatte in dieser Zeit in der Bevölkerung der Mitgliedsstaaten deutlich an Ansehen verloren. Da half auch kaum der 2002 als gemeinsame Währung eingeführte Euro. 19 der 28 EU - Staaten hatten nun die gleiche Währung und trotzdem zerbröselte die Staatengemeinschaft immer mehr.

Warum wohl?
Die sich vertiefenden wirtschaftlichen und sozialen Unterschiede zwischen den Süd - und Nordstaaten, aber auch in den Ländern der EU selbst, "fraßen" den "Rabatt" des Miteinanders langsam aber sicher auf:
Ca. 60 Millionen Arbeitslose, (um 2017), zusammen in allen EU-Ländern, besonders viele in Griechenland und Spanien, gepaart mit hoher Jugendarbeitslosigkeit von bis zu 50 Prozent, führten zur Distanzierung von der EU.
Gleichfalls die Zunahme der Verschuldung der EU-Staaten. Auch Deutschland überschritt die gemeinsam

festgelegte Schuldengrenze von 60 Prozent. Griechenland verlor endgültig den Boden unter den Füßen. Zeitweise erreichte die Staatsverschuldung über 200 Prozent. Die Wirtschaft lag am Boden. Die Verelendung der Bevölkerung nahm katastrophale Ausmaße an. Die EU half den Banken, aber nicht den "kleinen Leuten". Unsägliche Sparzwänge brachten das Volk zur Verzweiflung. Das Spardiktat war die Erfindung der damaligen deutschen Kanzlerin Merkel. Ernst zu nehmende Wirtschaftswissenschaftler forderten dagegen die Auflegung eines Investitionsprogramms. Permanentes "Kaputtsparen" führt eben nicht zur Steigerung der Wertschöpfung.

Wer hatte Schuld an all dem? Griechenland selbst, aber genauso die anderen EU - Länder, indem sie immer wieder Kredite gewährten, um in Griechenland ihre Waren absetzen zu können, die mit dem geliehenen Geld bezahlt wurden. Zur Schuldentilgung wurden die Griechen aufgefordert die "Filetstücken" des Staatseigentums zu verkaufen.

So erwarb die deutsche Wirtschaft 12 der 14 größten Flughäfen des Landes. Die BRD lieferte diesem hoch verschuldeten Land in diesen Jahren mindestens zwei U - Boote und dafür die Kredite gleich mit zur Bezahlung. So organisiert man das Elend der anderen! China kaufte Teile des Hafens in Piräus. Die Liste dieser "Missetaten" ließe sich problemlos verlängern.

Da die genannten EU - Organe eigentlich machtlos gegenüber ihren Mitgliedsstaaten waren, stürzten sie sich samt ihrer vielen Beamten auf die Masse der "Kleinigkeiten". Man gebar Gesetze ohne Ende und befasste sich mit viel zu viel Unwichtigem. Die Spannbreite reichte von der Begrenzung der Biegung von grünen Gurken, was man wohl inzwischen wieder abgeschafft hat, bis hin, dass Tomaten bis zu einer Fallhöhe von einem Meter beim Aufschlag auf den Boden nicht aufplatzen dürfen.

Das und ähnliches führte zur Abkehr von immer mehr Bürgern von der EU. So war es nicht verwunderlich, dass der im Juni 2016 von der britischen Regierung veranlasste Volksentscheid (Brexit) über den Verbleib oder das Ausscheiden Großbritanniens aus der EU mit höchster Spannung erwartet wurde. 51,9 Prozent stimmten für den Austritt aus der EU! Viele waren von diesem Ergebnis geschockt, ja selbst die Befürworter des Austritts wurden nach ersten "Siegesposen" schnell ruhiger und nachdenklich. Etwas "Verneinen" erfordert noch nicht unbedingt fundierte Weitsicht, aber etwas "Bessermachen" benötigt Ideen, Beschreibung von begehbaren Wegen, letztendlich die Formulierung eines die Mehrheit überzeugenden Programms.

Das war nun gefragt und nicht ein langes Jammern. Es würde auch nicht reichen Kleinigkeiten in den Strukturen und den Machtverhältnissen der EU zu ändern. Das Grundkonstrukt der EU hat den Anforderungen nicht standgehalten. Der westeuropäische Kapitalismus hat die EU benutzt um ihre Gewinnmaximierung weiter voranzutreiben. Da solidarisches und soziales Denken und Handeln für Kapitalisten nur so lange von Bedeutung sind, wie es ihnen selbst nützt, war ein Scheitern der "alten EU" letztendlich unausweichlich. Zum Glück bringt jede Entwicklungsetappe, nach dem Scheitern, auch Neues, Entwickelbares hervor. Nach vielen Auseinandersetzungen zwischen den bisherigen EU-Staaten wird man sich zur zwischenzeitlichen Auflösung

und zur Bildung eines neuen Europäischen Bundesstaates (EBS) entschließen. Wahrscheinlich ist das der Weg in eine bessere europäische Zukunft. Zuerst erarbeiten gemeinsam Vertreter der beteiligungswilligen Nationalstaaten die konkreten Bedingungen für Aufnahme in den Europäischen Bundesstaat.
Die Vorschläge beachteten sowohl die guten als auch schlechten Erfahrungen aus der ehemaligen EU. Daraus gilt es ein Konzept zu entwickeln, welches langfristig Bestand haben würde.

Wesentliche Kriterien für die Aufnahme müssten sein:
- Nationalstaaten werden in den Europäischen Bundesstaat nur dann aufgenommen, wenn in einem entsprechenden Referendum ihre Bevölkerung mit der Mehrheit von zwei Dritteln dafür stimmt.
- Jeder Nationalstaat anerkennt das Primat der Entscheidungsgewalt der zukünftigen Bundesregierung für den Bundesstaat in Bezug auf die gemeinsam auszurichtende Volkswirtschaft, den Bereich der Finanzen, Arbeit und Soziales, Außenpolitik, Gewährleistung der staatlichen Sicherheit, Gesundheit, Energie und des bundesstaatlichen Verkehrs - und Transportwesens. Alles andere bleibt in der Verantwortung der Nationalstaaten.

Es werden 8 Bundesministerien eingerichtet. In jedem Ministerium ist jeder Bundesstaat mit je einem Vertreter verankert. Entscheidungen werden mit einfacher Mehrheit getroffen. Aller zwei Jahre wird durch das Bundesparlament für jedes Ministerium ein neuer Minister gewählt. Die 9 Minister bilden gemeinsam die Regierung. Der Premierminister, der direkt von der Bevölkerung des

Europäischen Bundesstaates für jeweils fünf Jahre gewählt wird, führt die Bundesregierung. Die Minister sowie der Premierminister sind während einer Legislaturperiode unmittelbar dem Parlament unterstellt. Sie dürfen nach Ablauf der Wahlperiode nicht noch einmal gewählt werden. Jeder der Bundesstaaten wird durch einen Ministerpräsidenten politisch verwaltet. Die Gruppe der Ministerpräsidenten ist für die Bundesregierung ein wichtiges Beratungsgremium bei der Findung ihrer Entscheidungen, damit die nationalen Interessen der verschiedenen Bundesstaaten in die Bundesentscheidungen integriert werden können. Die Ministerpräsidenten der Bundesstaaten werden von den nationalen Parlamenten gewählt und sind Ihnen gegenüber rechenschaftspflichtig. Gleichwohl unterstehen sie der Bundesregierung, vor allem bei der Umsetzung der Bundespolitik.

Das Parlament des Europäischen Bundesstaates wird an einem Ort mit der Bundesregierung angesiedelt. Im Parlament werden alle Grundsatzentscheidungen für den Bundesstaat beraten und verabschiedet. Die Anzahl der Parlamentarier pro Bundesstaat wird anteilig nach der Bevölkerungszahl festgelegt. Die Hälfte sind Mitglieder der im Parlament vertretenen Parteien und werden in den einzelnen Bundesstaaten durch die jeweilige Bevölkerung gewählt.

Die andere Hälfte sind parteilose Bürger die sich in den Bundesstaaten um ein Mandat mit Hilfe von Unterschriftensammlungen bewerben. Die Anzahl der Unterschriften entscheidet wer in das Europäische Parlament einzieht, wobei diese in Abhängigkeit zu den Bevölkerungszahlen der einzelnen Bundesstaaten gebracht werden. Das Parlament des Europäischen Bundesstaates wird aller 5 Jahre gewählt.

Nach Bedarf, aber mindestens einmal im Jahr, wird die Bevölkerung verpflichtet an einem Referendum des Europäischen Bundesstaates teilzunehmen. Es dient der Entscheidung von politischen Grundsatz- und Richtungsfragen. Ausgeklammert vom Votum sind Sachverhalte die antihuman, unsozial und unsolidarisch sind. Als Entscheidungen werden nur anerkannt und nachfolgend verwirklicht, wenn mindestens zwei Drittel der Bevölkerung des Europäischen Bundesstaates dafür gestimmt haben.

Das Ausscheiden aus dem Europäischen Bundesstaates ist möglich. Dafür muss in dem in Frage kommenden Bundesstaat ein Referendum mit Wahlpflicht durchgeführt werden. Erst wenn zwei Drittel der Bevölkerung für den Austritt gestimmt haben, ist dieser innerhalb von zwölf Monaten zu vollziehen.

Bis zum Zeitpunkt der Aufnahme, sind durch die bisherigen Nationalstaaten, folgende Bedingungen zu erfüllen:

- Die Aufnahmekandidaten haben sich in ihrer Verfassung dem Humanismus verschrieben.

- Sie müssen in den wesentlichen staatlichen Strukturen demokratischen Erfordernissen gerecht werden. (Wahlrecht, Wahlpflicht, Gewaltenteilung, aus der Bevölkerung rekrutierte Parlamente, eindeutige Trennung zwischen Staat, Religionen und Kirchen auf Basis der jeweiligen nationalen Verfassung, die Gleichberechtigung von Frau und Mann).

- Primat des Staates auf der Basis der jeweiligen Verfassung. Die Staatsverschuldung darf 60 Prozent nicht überschritten haben. Die tatsächliche Arbeitslosigkeit muss unter 5 Prozent liegen.

5.2 Die Vereinten Nationen (UN)

Im Oktober 1945 wurden die Vereinten Nationen (UN) mit dem Hauptsitz in New York gegründet. Das ungeheure Leid des II. Weltkrieges hatte die Staaten dazu gebracht sich in den UN zusammenzuschließen. Trotz aller Probleme und Rückschläge, in dem weitere Kriege noch nicht verhindert werden können, leistet die Organisation der UN einen wichtigen Beitrag zur Völkerverständigung.

Bald jedoch zeigte sich, dass die geschaffenen UN - Strukturen massive Mängel aufwiesen. So hatte der insbesondere für die Friedenssicherung geschaffene Sicherheitsrat den gravierenden Fehler, dass deren Mitglieder, die Siegermächte des II. Weltkrieges die USA, GBR, Frankreich, die Sowjetunion sowie das ständige Mitglied China, für alle Abstimmungen das Vetorecht besaßen. In Folge war es nicht verwunderlich, dass meistens die zur Abstimmung eingebrachten Anträge abgelehnt wurden, was bei den unterschiedlichen politischen Interessen dieser Staaten kaum anders erwartet werden konnte. Von Legislaturperiode zu Legislaturperiode wurden und werden aus dem Kreis der UN - Mitgliedsstaaten jeweils weitere zehn Staaten in den Sicherheitsrat gewählt. Da sie aber kein Vetorecht besitzen, ist ihre Wirksamkeit stark eingeschränkt.

Selbst am Ende des 20. und Anfang des 21. Jahrhunderts hatte sich die Situation noch nicht grundlegend geändert, obwohl es den sogenannten Ostblock unter Führung der

Sowjetunion nicht mehr gab und der Westen mit den USA an der Spitze eigentlich keinen ideologischen und politischen Gegner mehr hatte. Der reale Sozialismus war im Prinzip verschwunden und alle Staaten dieser Welt wiesen inzwischen, bei allen kleinen Unterschieden, kapitalistische Produktionsverhältnisse auf.

Aber die Kriege hörten nicht auf, Afghanistan, Irak, Jemen, die Staaten des sogenannten arabischen Frühlings mit Tunesien, Libyen und Ägypten, sowie die Kriege in Syrien und gegen den gebildeten Islamischen Staat in Teilen des Iraks und Syriens, konnten durch die UN nicht gestoppt werden.

Im Sicherheitsrat sitzen Vertreter der Staaten, die mit ihrer Stimme Kriege verhindern sollen, aber in Wirklichkeit nutzten sie ihr Vetorecht um vor allem mit Stellvertreterkriegen ihre Interessen wahrzunehmen.

Die Kriege dienen der Sicherung und der Erweiterung des eigenen Einfluss - und Machtgebietes und dem möglichst ungehinderten Zugriff auf wirtschaftliche Ressourcen.

Die Jahre von der Jahrtausendwende bis fast 2020 waren leider wieder der Beweis dafür, dass der Kapitalismus unbedingt Kriege benötigt, um seiner ihm innewohnenden Gier nach Profitsteigerung gerecht zu werden. Im genannten Zeitraum hatte man sich als Gegner auf der Weltbühne speziell Russland ausgesucht. Die Ursache dafür war einfach zu finden, das größte Land der Erde mit schier unerschöpflichen Rohstoffquellen, war besonders für den Anführer der westlichen Welt, den USA, insofern ein Problem, weil ein politisches und wirtschaftliches Zusammengehen von Russland mit Europa, sie ganz wesentlich an Einfluss auf dieser Welt verloren hätten.

Der Kapitalismus wurde eben nicht vom Sozialismus bedroht, sondern frisst sich gegenseitig und untereinander auf!

5.3 Medien, Meinungsbildung und Meinungsverbreitung

Das Leben der Menschen des 20./21. Jahrhunderts war und ist zunehmend stark geprägt von den Medien.
Sie informieren über das Gegenwärtige, das Vergangene und wagen hin und wieder eine begrenzte Vorausschau auf das Zukünftige. Anfangs oblag die Informationsweitergabe vorrangig den Printmedien, wodurch der Kreis der Informierten noch recht klein war, denn wer konnte sich schon täglich eine Zeitung leisten? Natürlich nur Wenige, in der Regel vor allem die wohlhabenderen Bürger. Mit einem Zeitverzug fand dieser Personenkreis spätestens am Morgen des nächsten Tages die Zeitung im Briefkasten. Er glaubte, das was er las oder auch nicht. Eine echte Prüfung des Wahrheitsgehaltes des Gelesenen konnte er nicht vornehmen. Nur das Niveau seines eigenen Kenntnisstandes schützte ihn manchmal bewusst gestreute Falschinformationen als das Wahre anzuerkennen. Immerhin bekam er Informationen, die über den Personenkreis der von "Mund - zu - Mund - Propaganda" hinausgingen.

Dann folgten Radio und Fernsehen. Schon das Radio integrierte immer mehr Menschen in den Kreis der Informationsempfänger. Mit der Ausstrahlung von Kurzwellenprogrammen war man bald in der Lage Staatsgrenzen zu überwinden, wodurch eine ganz neue Dimension entstand. Man konnte damit Menschen in

anderen Ländern mit Propagandaausstrahlungen regelrecht zudecken. Oft nach dem Motto:
Man lobt sich selbst und denunziert den anderen. Der Wahrheitsgehalt der Ausstrahlungen per Radio und auch Fernsehen erhöhte sich nicht.

Radio und Fernsehen übernahmen zunehmend das Informationsmonopol von den Printmedien gegenüber Lesern, Hörern und Zuschauern. Die Printmedien verloren an Bedeutung, verschwanden aber nicht vollständig. Auch Radio und Fernsehen hatten kaum wahrnehmbare und vor allem widersprüchliche Reaktionen in der Öffentlichkeit zu fürchten. Spätere Kritik an den Sendungen, vor allem an ihrem Wahrheitsgehalt, erzielten kaum noch Wirkungen. Gerichtlich verfolgte und erreichte Widerrufungen wurden meist nicht wahrgenommen, weil sie von den Sendern fast immer sehr "versteckt" ausgestrahlt wurden.

Das bisher Geschriebene ist keine Unterstellung, dass Radio und Fernsehen grundsätzlich Lügen verbreiten, sondern das es möglich war und ist alle zur Ausstrahlung gelangenden Informationen zu manipulieren. Das machte sich der Machtapparat des Staates zu Nutze. In Nazideutschland und in der späteren DDR wurde nur das verbreitet, was staatskonform war. Mit der Gründung der BRD hatten die Gesetzgeber versucht dem entgegen zu wirken, aber trotzdem war festzustellen, dass die Medien teilweise und oft unkritisch alle Aussagen der Politik als alleinige Wahrheit verbreiteten. Das konnte geschehen, nicht weil man den Redakteuren von Funk und Fernsehen direkt und im Wortlaut vorgab, was ausgestrahlt werden durfte, sondern in dem man in den personellen Strukturen die Leute auf die Entscheidungspositionen brachte, die das in den Äther bringen werden, was der aktuellen Staatsdoktrin gerecht wurde, gleich ob es der Wahrheit entsprach, nur teilweise wahr oder sogar mit deutlichen Lügen behaftet war. Beispiele gibt es genug dafür!

Übrigens in den Entscheidungsgremien des Staatsfernsehens und des Staatlichen Rundfunks hatten die Vertreter der Parteien letzten Endes das Sagen. Sie entschieden über die personelle Besetzung der wichtigsten Schaltstellen in ihren Redaktionen und Sendern.
Na, ja die Moderatoren und Reporter spürten schon und erkannten recht bald, was man von Ihnen verlangte, man brauchte es Ihnen nicht mit dem erhobenen Zeigefinger beibringen!

Ab den achtziger Jahren des 20. Jahrhunderts kamen neue Informationsgeber auf den Markt und zu den Menschen. Mit Ihnen konnte jeder mit jedem sofort und direkt kommunizieren. Alles wurde auf dieser Erde "weitreichender", so wie es überzeugend Prof. Hartmut Rosa, Soziologe und Politikwissenschaftler von der Universität Jena, u.a. am 22.4.2018 in einem Vortrag der Sendereihe "Tele - Akademie" im Fernsehen des Senders 3 SAT der Öffentlichkeit erläuterte. Es entstand parallel zur Globalisierung in der Wirtschaft, eine ganze andere, viel größere Welt des Informationsaustausches. Aus den vielen Konsumenten der Radio - und Fernsehsendungen wurden anfangs allmählich, dann schneller und immer mehr, fast ganztägige Nutzer von Computern und Smartphones. Google, Apple, Facebook, Mails, WhatsApp, FaceTime usw. wurden zu Informationsquellen - und Kanälen für den unmittelbaren und rasend schnellen Informationsaustausch zwischen den Menschen, aber auch zu Quellen zur Beantwortung eigener Fragen, ohne eine andere Person kontaktieren zu müssen. Jede Sache hat zwei und manchmal mehrere Seiten: Einerseits kann man unmittelbar mit einer anderen Person Kontakt aufnehmen, es ist sofort möglich auftretende Wissenslücken zu schließen, permanent Informationen zu erhalten und mit anderen Menschen in eine direkte Diskussion einzutreten, egal wie weit der andere von mir entfernt ist.

Positiv ist auch, dass man den vielen Informanten seine eigene kritische Position entgegenhalten kann, aber das macht schon Mühe. Wesentlich problematischer ist, dass man von einer Flut von Informationen überschwemmt wird und dass es als Informationsempfänger - und Konsument schier unmöglich ist zu entscheiden, was der Wahrheit entspricht oder ein sogenannter "Fake" ist.

Noch gefährlicher ist, dass insgesamt die Digitalisierung auch genutzt werden kann in den Menschen einzudringen, sein Verhalten und Denken zu erkennen und für Verschiedenes zu missbrauchen. Ob man will oder nicht, man ist eben ständig der Manipulierung ausgesetzt!

All das zu diesem Thema von mir Geschriebene, wird durch Politiker genutzt zur Beeinflussung der Bürger, in der Auseinandersetzung mit anderen Staaten und leider als wirksame Waffe in Kriegen.

Es wird nirgends so viel gelogen wie im Zusammenhang mit Kriegen. Bis hin zu der Tatsache, dass mit Hilfe von Hackern bereits regelrechte Cyberkriege geführt werden, sei es um Wahlen in anderen Staaten zu beeinflussen oder um Wirtschaftsspionage zu betreiben.

Trotz aller Misslichkeiten wird es kein Zurück von der Digitalisierung geben.

Der verkürzt dargestellte Entwicklung wird man in der SRD wie folgt begegnen müssen:

Es wird eine konsequente Trennung zwischen den Medien und der Politik, sowie ihren Vertretern geben müssen.

Um das zu erreichen und zu sichern, werden praxiswirksame Gesetze erlassen und ihre Anwendung strengsten kontrolliert.

Vorstände und Abteilungsleiter der Print- und elektronischen Medien dürfen keiner politischen Partei angehören, keinen Kontakt zu Lobbyisten und ihren Verbänden haben und nebenberuflich keine politischen Ämter begleiten.

In Verbindung mit der Veröffentlichung von politischen Sachverhalten und Meinungen, sind grundsätzlich Alternativen nebst Begründungen gleichrangig in der Gegenüberstellung darzulegen. Bei Informationen von höchster politischer Brisanz, etwa wie bei Sicherheitsfragen, wird erst die Öffentlichkeit informiert, wenn belastbare Beweise vorliegen.

Alle, auch private, Verlage, Sendeanstalten, Medien- und Kommunikationsfirmen sind verpflichtet sich der Kontrolle von Aufsichtsräten zu unterstellen. In diesen Gremien agieren ausschließlich Personen mit nachgewiesener Fachkompetenz und politischer Unabhängigkeit. Die fast vollständige Abhängigkeit zu den weltweit tätigen digitalen Konzernen wie Google, Facebook und Apple wird verringert, indem der Europäische Bundesstaat mit seinen Mitgliedern diesbezüglich eigene, konkurrenzfähige digitale Konzerne schafft. Mit einem sachbezogenen, kontrollfähigen Netzwerk wird der Missbrauch der elektronischen

Informationsdienste eingeschränkt. Vergehen werden durch Ergänzungen im Strafrecht geahndet. Kinder, Jugendliche und Personen, die im Blickpunkt der Öffentlichkeit stehen, werden besonders geschützt. Bei Nichteinhaltung dieser Gesetze und Regeln wird durch eine Überwachungsstelle der weitere Zugang zu den elektronischen Netzwerken verhindert und ein entsprechendes Strafverfahren eingeleitet.

6 Kultur, Kunst und Sport

6.1 Kultur und Kunst

Kultur und Kunst haben in allen Perioden der Entwicklung der Menschheit eine bedeutsame Rolle gespielt. Kultur als alles umfassender Begriff für das Verhalten in der Gesellschaft und Kunst als Ausdruck für besondere Fähigkeiten des Menschen, einschließlich der geschaffenen Kunstwerke gleich welcher Art, stehen in Wechselwirkung zum jeweiligen Entwicklungsstand der Gesellschaft. Man irrt sich, wenn man das Leben auf das Physische reduziert und dabei vorrangig an essen, arbeiten und vielleicht an lieben denkt, wobei diese und andere Tätigkeiten gleichermaßen von der Kultur einer Gesellschaft beeinflusst werden.

Die Menschen versuchen sehr oft die verschiedenen Kulturen zu bewerten. Als Gegenstand und Maßstab des Vergleiches gilt meist die eigene Kultur der man angehört. Was berechtigt aber das Eigene zum Maß für anderes zu machen? Natürlich nichts! Diese Herangehensweise führt zur Überhöhung der eigenen und im extremen Fall zur Herabwürdigung der Kultur anderer Gesellschaften, Staaten und Perioden. Besonders auffällig wurde das in der Kulturpolitik von Diktaturen. Zu lebensbedrohlichen Auswüchsen kam es in Nazideutschland. Mit den Juden versuchte man eine ganze Kultur auszurotten. Bücher von anders Denkenden und Schreibenden wurden auf Scheiterhaufen verbrannt. Alles was nicht nationalsozialistisch war, wurde als kulturlos abgestempelt und vernichtet. So machte man sich selbst zur "Unkultur".

Kunst und Kultur benötigen genügend Freiräume für ihre Entwicklung. Kreativität mag keine unergründbaren Beeinträchtigungen oder gar eng aufgestellte Grenzen. Kultur und Kunst unterliegen wie vieles Andere der Eigenregulation, was von den Menschen nicht angenommen wird, verschwindet allmählich wieder. Trotzdem, einer erforderlichen Beschränkung müssen sich auch die Kunst und Kultur unterwerfen, indem sie uneingeschränkt humanitären Kriterien gerecht werden.

Insofern benötigt das reformierte Deutschland keine "Kulturrevolution".

Veränderungen gibt es sehr wohl. Der mit und durch die SRD angestrebte Wandel der Werte, wird parallel eine neue Kultur gebären. Diese orientiert sich vor allem an den sozialen Zielen der Gesellschaft.

6.2 Sport

In der modernen Industriegesellschaft des Kapitalismus hat der Sport ständig an Bedeutung gewonnen. Die Bewegungsarmut der Menschen hatte zugenommen, denn physische Anforderungen waren mit dem Berufsalltag kaum noch verbunden. Das Ergebnis wurde auf der Straße, in den Schulen und in öffentlichen Bädern sichtbar. Viele Menschen trugen und tragen gesundheitsschädigendes Übergewicht mit sich herum.

Dem gegenüber gibt es weiterhin zu viele Staaten in denen Teile der Bevölkerung hungern.

Der Kapitalismus alter Prägung ist auch in der letzten Etappe seiner gesellschaftlichen Entwicklung nicht in der Lage das Ernährungsproblem auf dieser Erde für alle Menschen zu lösen. Wir sollten nicht vergessen,

Gewinnmaximierung und Verteilungsungerechtigkeit sind dafür die beiden wesentlichsten Ursachen.

Trotz des Anwachsens der durchschnittlichen Lebenserwartung der Menschen verbesserte sich der Stand der Volksgesundheit nicht im gleichen Maße. Das längere Leben in den hochentwickelten Ländern erkaufte man sich hauptsächlich mit medizinisch - pharmazeutischen Mitteln und Maßnahmen.

In dieser Phase der gesellschaftlichen Entwicklung schlugen Mediziner, Ernährungswissenschaftler, Sportpädagogen und die politisch Verantwortlichen für die Volksgesundheit, Alarm. Von da an erwachten zunehmend mehr Menschen aus ihrer physischen Passivität. Im Jahre 2014 besuchten in Deutschland inzwischen mehrere Millionen Menschen oft regelmäßig ein Fitnessstudio. Es wurde immer mehr gelaufen, Rad gefahren und der bewusste Spaziergang an der frischen Luft dem "Stubenhocken" vorgezogen.

Und trotzdem war das Ganze nur ein Anfang. Die große Mehrheit der Bevölkerung tat nach wie vor nichts oder zu wenig für den Erhalt der Leistungsfähigkeit und der eigenen Gesundheit.

Herzkreislauferkrankungen, Diabetes und Gelenkbeschwerden traten zunehmend häufiger auf. Die Therapiekosten stiegen ins schier Unermessliche. Krankheitsbedingte Arbeitsausfälle kosteten der Gesellschaft zusätzlich viel Geld.

Eine wirksame Veränderung war dringend einzuleiten!

Ein motivierendes Ernährungskonzept in Verbindung mit ansprechenden bewegungstherapeutischen Maßnahmen galt es gleichermaßen für Jung und Alt zu schaffen und der gesamten Bevölkerung so nahe zu bringen, dass es angenommen und umgesetzt wird.

Der entstandene Sozialstaat und die Bewusstseinsentwicklung jedes Einzelnen waren ab sofort gefragt, um einen gesünderen Lebensvollzug für die Mehrheit der Menschen zu erreichen.

Was macht die SRD? Sie fördert und fordert! In den Kindertagesstätten, im Pflichtvorschuljahr und in allen Schulen und Universitäten wird die tägliche Sportstunde ein - und durchgeführt. Das war kein neuer Gedanke, aber er wurde bisher nicht umgesetzt. Die Sportstunden wurden und werden von immer mehr neu hinzukommenden, gut ausgebildeten Sportlehrern durchgeführt. Der Inhalt der Sportstunden orientiert sich deutlich stärker an einer gesundheitsfördernden Konditionierung. Ausdauerlaufen, Athletik - und Krafttraining, Ball - und Laufspiele, Schwimmen und Radfahren, aber einfach auch Gehen und Wandern werden in den Mittelpunkt der körperlichen Ausbildung gestellt.

Wie die Schulen erhalten auch Sportvereine hauptamtlich beim Land angestellte Trainer zur Verfügung gestellt, die altersbezogen und sportartenorientiert den Trainings - und Wettkampfbetrieb durchführen. Ein Teil der den 9 - monatigen Sozialdienst leistenden Schul- und Ausbildungsabsolventen unterstützt die Trainer in den Sportvereinen. Hinzu kommen noch Bezieher des arbeitspflichtigen Grundeinkommens, die parallel dazu eine entsprechende Übungsleiterausbildung zum Sportpädagogen absolvieren und nach dem Ausbildungsabschluss die Möglichkeit erhalten eine Vollzeitstelle beim Land als Vereinstrainer zu bekommen.

Auf diesem Wege machte sich der Gedanke des gesundheitsfördernden Sporttreibens langsam aber stetig in den Köpfen der Bevölkerung breit.

In Verbindung mit den durch die Medizin veranlassten präventiven Gesundheitsmaßnahmen entwickelt sich ein anderes Bewusstsein zum eigenen Körper, zu einer gesunden Lebensweise und zum Sporttreiben.

Das Sporttreiben wird zunehmend für viele zu einer festen Gewohnheit. Fast nebenbei wird es dadurch einfacher sportliche Talente für eine erfolgreiche Leistungssportkarriere zu selektieren und zu gewinnen.

Allein durch die tägliche Sportstunde waren und sind die Schüler auf ein Leistungstraining besser vorbereitet.

In Sportschulen - und Gymnasien absolvieren sie in Abstimmung mit der schulischen Ausbildung ein sportartenorientiertes Grundlagen -, Aufbau - und in einigen Sportarten, auch ein disziplinspezifisches Hochleistungstraining, unter Anleitung und Förderung von erfahrenen Trainern der Bundesstützpunkte.

Die SRD wird sich entscheiden den Leistungssport in Deutschland herausgehoben zu fördern. Die Zielstellung bei Olympischen Spielen und Weltmeisterschaften ist in den jeweiligen Nationenwertungen der staatlich geförderten Sportarten Spitzenplätze zu erreichen, die den wirtschaftlichen und personellen Möglichkeiten sowie den sportlichen Traditionen der SRD entsprechen. Auf dem

Weg zur Erfüllung dieser Ziele werden die sportlichen Regeln eingehalten, das Leistungstraining im Einklang mit der Gesunderhaltung der Sportler durchgeführt und im Falle nachgewiesenen Dopings wird eine strafrechtliche Verfolgung der Betroffenen und damit verbundener Mitverantwortlicher vorgenommen.

7 Epilog

7.1 Zur Zukunftsfähigkeit der Menschheit

Den Menschen liegt es anheim an sich selbst, an anderen und grundsätzlich an allem zu zweifeln. Umgekehrt entwickelt die Menschheit auch die Überzeugung alles erkennen und bewältigen zu können. Diese Spreizung des menschlichen Seins, Denkens, Verhaltens und Handelns lässt offen, wie es um die Zukunftsfähigkeit der Menschen steht.

Deshalb lautet eine von mehreren grundsätzlichen Fragen: "Was wird aus uns werden, einzeln und in der Gesamtheit, werden wir eine Zukunft erleben?"

Ob wir langfristig eine Zukunft haben werden, ist nicht wirklich zu beantworten. Trotz aller Bemühungen ist (noch) niemand in der Lage diesbezüglich unanfechtbare Beweise vorzulegen. Weder der gegenwärtige Stand der Natur - und Gesellschaftswissenschaften oder die mathematisch determinierte Wahrscheinlichkeitsrechnung, noch die Mutmaßungen von Religionen und schon gar nicht die Verlautbarungen von selbsternannten Wahrsagern, ermöglichen uns gesicherte Ausblicke in die Zukunft.

Was ist Zukunft? Ist sie nur die zeitliche Periode, die einer anderen folgt? Ist sie das Produkt aus Gestrigem und Aktuellem, was die Menschen hinüberführt in den nächsten Zeitabschnitt, in die Zukunft? Unter welchen Umständen reißt die Kette aus Gewesenem, dem Jetzigen und dem Zukünftigen, weil es keine Zukunft mehr gibt? Die Menschen hoffen immer wieder auf die Zukunft. Ihrem Hoffen stand und steht aber zu oft ein den Weg in die Zukunft zerstörendes Verhalten der Menschheit gegenüber. Die Geschichte zeigt, dass vor allem Kriege den nächsten Schritt in die Zukunft gefährdeten, zumindest zeitlich begrenzt versperrten und das Tempo zur Erreichung des Zukünftigen deutlich abschwächten oder auch explosionsartig beschleunigten. Zum Glück wurde trotz allen Übels am Ende immer wieder das Tor in die Zukunft aufgestoßen.

Ohne unsäglichen Untergangstheorien zu folgen, war das Erreichen des Zukünftigen in der Menschheitsgeschichte noch nie so gefährdet wie während der Periode des allmählich untergehenden Kapitalismus.

Der historische Rückblick zeigt, dass besonders während der Phase des Überganges von einer Gesellschaftsordnung in eine andere, eine besondere Gefährdung der Fortentwicklung der Menschheit entsteht. "Altes" und "Neues" stehen sich meist unversöhnlich gegenüber. Oftmals führen diese Spannungen zu unheilvollen kriegerischen Auseinandersetzungen.

In der Vergangenheit waren Kriege territorial begrenzt auf Grund des eingeschränkten Niveaus der Transport- und Kommunikationsmöglichkeiten sowie der Waffentechnik. Heute werden Kriege oftmals zu globalen Auseinandersetzungen. Die "Vernichtungsmaschinerie" ist inzwischen grenzenlos. Durch modernste Waffentechnik, einschließlich des Einsatzes von Atomwaffen, ist die Menschheit in der Lage andere und auch sich selbst zu vernichten.
Zunehmend fallen die Menschen mehr durch ihre Unvernunft als durch ihre Vernunft auf. Der Egoismus des Menschen und die Gier nach Bereicherung, geprägt durch

den Selbsterhaltungstrieb jedes Einzelnen und durch Gesellschaftsordnungen, die ihrem Wesen nach diesbezüglich grundsätzlich unterstützend wirken, tun das Übrige. Das alles stellt in Frage, ob die Menschheit als Ganzes noch zukunftsfähig sein wird.

Trotz allem bin ich überzeugt, dass der menschliche Selbsterhaltungstrieb die Fortentwicklung der Menschheit ermöglichen wird. Am Ende wird jeder einzelne Mensch seinen Egoismus zuerst für sein Weiterleben einsetzen und nicht für den eigenen Untergang.

Was ist aber, wenn das eigene Weiterleben nur durch die Vernichtung des anderen möglich werden kann, und wie kann man dem Entstehen einer solchen Situation entgegenwirken?

Es klingt einfach und ist trotzdem überzeugend: Durch die Entwicklung des sozialen Fühlens, Denkens und Handelns bei immer mehr Menschen, als allseits anerkannte, unverzichtbare Werte der Solidarität zum Entstehen einer zukunftsfähigen Gesellschaft, werden Voraussetzungen entwickelt, die den Untergang der Bevölkerung der Erde verhindern werden. Deshalb haben die Menschen es selbst in der Hand den Weg in die Zukunft zu finden!

Wer aber an den Untergang glaubt, fördert auch das Untergehen der Menschheit! Untergang bedeutet das Abgleiten in das Unvermeidbare. Letztendlich ist durch und für die Menschen auf dieser Erde alles vermeidbar, auch Kriege!

7.2 Kernaussagen zur Entwicklung der Solidarischen Republik Deutschland (SRD)

Aus dem Grundgesetz der BRD wird durch ein Referendum des Volkes die Verfassung der SRD.

Die SRD entwickelt sich zu einem solidarischen und sozialen Staat.

Die repräsentative Parteiendemokratie wandelt sich in eine wirkliche Volksherrschaft.

Jährliche Volksabstimmungen zu Grundfragen des Zusammenlebens der Bürger werden zu einem entscheidenden Element lebhafter Demokratie.

Das Wahlrecht wird verbunden mit der Wahlpflicht für jeden Wahlberechtigten.

Aus der föderalen BRD mit 16 Bundesländern (BL) wird ein neu geordneter föderaler Staat mit 5 BL.

Die Anzahl der Abgeordneten wird sowohl für den Bundestag als auch für die Länderparlamente halbiert. Die Wiederwahl in die Parlamente und Regierungen wird begrenzt. Die Abgeordneten setzen sich hälftig aus Vertretern der demokratischen Parteien und parteilosen Bürgern zusammen. Abgeordnete der Länderparlamente sind ehrenamtlich tätig.

Minister der Bundesregierung rekrutieren sich ebenfalls hälftig aus Parteienvertretern und parteilosen Bürgern. Alle müssen für ihren Verantwortungsbereich die entsprechende berufliche bzw. wissenschaftliche Qualifizierung nachweisen.

Der EU - Mitgliedsstaat BRD bzw. die SRD sind bemüht, die EU weiter zu führen in einen neu zu gründenden Europäischen Bundesstaat.

Die Rechte und Pflichten zur Teilnahme am Arbeitsleben werden neu geregelt.

Jeder hat bis zur Vollendung des 63. Lebensjahres die Pflicht und das Recht zu arbeiten. Wer grundlos dem sozialabgabepflichtigen Arbeitsleben teilweise oder gänzlich fernbleibt, verringert im gleichen Maße sein Grundeinkommen im Rentenalter.

Ein differenziertes Grundeinkommen verhindert endgültig die Arbeitslosigkeit, unterstützt finanziell das Heranwachsen der Kinder und Jugendlichen bis zum Abschluss ihrer Ausbildung und gewährleistet allen Rentnern einen sorgenfreien Lebensabend.

Die Finanzierung des Sozialstaates wird gesichert durch eine leistungsgerechte Umverteilung der gesamtgesellschaftlichen Wertschöpfung, mit Hilfe der Begrenzung der Arbeitseinkommen, der Einführung einer einkommensabhängigen Mehrwertsteuer, der Installierung einer Vermögensteuer, der Erhöhung der Erbschaftsteuer und der Durchsetzung von Abgaben aus Bankgeschäften.

Der mit dem demografischen Wandel der Bevölkerung einhergehende Verlust an Arbeitskräften wird in

Verbindung mit dem Fortschreiten der Digitalisierung und Automatisierung durch die damit verbundene deutliche Erhöhung der Arbeitsproduktivität kompensiert, sodass die Wertschöpfung weiter steigt und die Finanzierung des Sozialstaates ohne Probleme gelingen wird.

Zur Gewährleistung der Grundlagen für das Leben in sozialer Sicherheit werden das Gesundheitswesen, die Altenpflege, der öffentliche Personennah - und Fernverkehr, der soziale Wohnungsbau und die Wasser - und Energieversorgung entökonomisiert.

Die Chancengleichheit für alle Bürger wird durch eine gebührenfreie Bildung und Erziehung von der Kindertagesstätte bis zur Universität garantiert.

Das anteilige Grundeinkommen für Kinder, Jugendliche, Auszubildende und Studenten ermöglicht den Familien und Alleinerziehenden ohne finanzielle Probleme ihren Heranwachsenden eine optimale Ausbildung entsprechend nachgewiesener Befähigung angedeihen zu lassen.

Die wissenschaftliche Forschung und Ausbildung werden stärker als bisher staatlich gefördert. Im Mittelpunkt stehen die Bereiche, die von besonderer Bedeutung für die Weiterentwicklung der Gesellschaft sind.

Um den Erkenntnisgewinn in den Forschungseinrichtungen spürbar zu steigern, wird eine ergebnisfördernde Vernetzung von mehreren Wissenschaftsbereichen, Instituten und Hochschulen herbeigeführt.

Gleichzeitig wird die Zusammenarbeit mit der Wirtschaft verstärkt.

Die Strukturen der Hochschulen werden korrigiert und ergebnisfördernd für Forschung und Lehre verändert.

Insgesamt erfährt das Hochschulpersonal eine deutliche Aufstockung an Forschern, Lehrkräften und Mitarbeitern.

Die Unabhängigkeit und Eigenverantwortlichkeit der Justiz wird durch transparente demokratische Wahlverfahren für die Berufung von Richtern und Staatsanwälten gewährleistet.

Ein von der Mehrheit der Staatsbürger gewolltes und durch einen Volksentscheid bestätigtes Ein - und Auswanderungsgesetz wird erarbeitet und angewandt.

Die vorhandenen Asylgesetze werden überarbeitet und unter Beachtung der Europäischen - und weiterer internationaler Menschenrechtsverordnungen zur Anwendung gebracht.

Sowohl für Einwanderer als auch für Asylanten, die in die BRD und später in die SRD gänzlich oder zeitweise aufgenommen werden wollen, gilt die durch sie zu beeidende Anerkennung der Verfassung der SRD und aller weiterer Gesetze unseres Staates.

Auf Grund gerichtlich nachgewiesener strafrechtlicher Vergehen, erfolgt die sofortige Ausweisung aus der BRD bzw. SRD.

Die tatsächliche Unabhängigkeit der Medien wird ohne Verzug realisiert. Parteienunabhängige Gremien bestimmen die Personalauswahl für die Führungsfunktionen. Das betrifft die öffentlich - rechtlichen Radio - und Fernsehsender, staatliche Verlage der Printmedien und öffentlich - rechtlich gelenkte soziale Medien.

Die tendenziöse oder gar einseitige Verbreitung von Meinungen in der Politik und Wirtschaft wird unterbunden, indem stets die Pflicht zur Übermittlung von gegenteiligen Meinungen zu erfüllen ist. Mit Hilfe der Möglichkeiten der Digitalisierung wird die Kontrolle ausgeübt. Wiederholte Vergehen durch einseitige und der Wahrheit nicht entsprechende Darstellungen führen zur Sanktionierung, bis hin zur Entziehung der Sendelizenz. Das betrifft auch alle privaten Medienunternehmen.

Kunst, Kultur und Sport werden ihren Einfluss auf die gesellschaftliche Entwicklung weiter verstärken. Gesteigerte staatliche Förderung und Motivierung zur Realisierung privater Initiativen beleben und entwickeln das kulturelle Leben in der SRD. Kunst und Kultur unterliegen keiner staatlichen Zensur. Der Rahmen für das kulturelle und künstlerische Schaffen wird allein durch den Humanismus vorgegeben.

Die Bedeutung des Sports wächst weiter, vor allem bezüglich der Prävention zur Verbesserung der Volksgesundheit. Mehr staatlich geprüftes Fachpersonal, mehr Sportstätten und gezielte Werbung zur Teilnahme am Sporttreiben, werden langfristig die Volksgesundheit verbessern helfen.

Die SRD wird den Leistungssport gezielt fördern, vor allem die Sportarten besonders berücksichtigen, die in Deutschland langfristige Traditionen haben, in der Bevölkerung beliebt und entsprechende Sportstätten für Training und Wettkampf vorhanden sind.

Die Europäische Union (EU) war und ist (noch) ein Meilenstein zur Sicherung des Friedens in Europa.
Mit und im Ergebnis der internationalen Finanzkrise von 2008, mit ihrem schnellen Anwachsen auf
28 Mitgliedsländer mit sehr unterschiedlicher Wirtschaftskraft, den strukturellen Unzulänglichkeiten, insbesondere indem letzten Endes bei Abstimmungen nur die Einstimmigkeit zum Handeln und Veränderungen führt, hat zu tiefgreifenden Konfrontationen zwischen den EU - Staaten geführt.
Auf Dauer ist ein mehr als loser Staatenbund zunehmend unfähig ein abgestimmtes Handeln zu erreichen und zu sichern.

Die EU benötigt dringend eine Reform. Sie erfordert zuerst ein Bekenntnis für ein wirksames Miteinander. Aus der Union muss ein neu zu gründender Bundesstaat werden. Die sich bewerbenden und zu integrierenten Nationalstaaten bilden ein Parlament und eine wirksame Regierung.
Im Europäischen Parlament und der Europäischen Regierung entscheiden die Mehrheitsverhältnisse das politische Handeln.
Die Angst vor der Entmachtung der beitretenden Nationalstaaten und vor dem Verlust der kulturellen Eigenständigkeit ist grundlos. Gerade die historische

Entwicklung Deutschlands hat bewiesen, dass Königreiche z.B.: wie Bayern und Sachsen, bis heute ihr kulturelles Wesen, trotz Eingliederung in das Deutsche Kaiserreich im Ergebnis des Krieges 1870/71, bis heute bewahrt haben. In der Jetztzeit genießen diese beiden und die anderen deutschen Bundesländer in der Konzentration der föderalen BRD alle Vorteile eines großen und wirtschaftlich starken Staates bis hin zum Finanzausgleich zwischen den 16 Bundesländern.

Die Vereinten Nationen (UN), gegründet in Folge des II. Weltkrieges, bedarf trotz manchen politischen Erfolges, einer umfassenden Reformierung. Das Hauptproblem, ist wie schon beschrieben, der Abstimmungsmodus im Sicherheitsrat. Das bisher dauerhafte Vetorecht der 4 Siegermächte des II. Weltkrieges und Chinas und deren meist unterschiedlichen Interessen zu allen wichtigen weltpolitischen Fragen, hat zu viele Kriege zugelassen, statt sie zu verhindern.

8 Quellenverzeichnis

S. 8 ARD, Studie vom 24.02.1015. Videotexttafel 141, „Einer Studie zufolge glauben mehr als 60%, dass die BRD von keiner wirklichen Demokratie regiert wird..."

S. 15 „Kanzlerakte", Anmerkungen von Egon Bahr 2013, Wikipedia

S. 17 Grundgesetz der BRD, „Anschluss der DDR an die BRD nach Artikel 23/ Grundgesetz"

S. 19 Vortrag von Prof. Voßkuhle am 28.2.2016 im Fernsehen von 3-SAT/Teleakademie zum Thema einer möglichen Wandlung des Grundgesetzes der BRD in eine Verfassung der gesellschaftlichen Mitte

S. 22 Nach Wikipedia, der Begriff Geld stammt vom althochdeutschen „gelt" gleich Vergeltung, Vergütung, Einkommen und Wert ab

S. 25 Ende Mai 2016 informierten die Fernsehsender von ARD und MDR in Beiträgen, dass nach wie vor die „Schaltstellen" der Wirtschaft und Politik von Kadern aus den alten Bundesländern im Osten besetzt werden

S. 34 Nach Wikipedia: „sozial" bedeutet gemeinnützig, hilfsbereit und barmherzig

S. 51 Statistische Untersuchungen der Universität Leipzig 2017/18 zur Anzahl der Mitglieder Ostdeutscher in vorwiegend christlichen Kirchen ergab 20%

S. 89 Zahlen zur aktuellen Bevölkerungsstruktur, aus „Statista", das statistische Portal/ 6/2018

S. 104 Zahlen zum Vermögen der 500 reichsten Deutschen, laut Managermagazin 2016

S. 105 Auszug aus der Rangfolge der Staaten der Erde nach Anzahl der Millionäre, veröffentlicht von der Unternehmensberatung Capgemini/Frankfurt 2017

S. 109 Zur Vererbung in der BRD, nach Aussagen im Rahmen der ARD- Fernsehsendung „Hart aber Fair" vom 7.5.2018

Zum Autor:

Bernd Schubert 1945 geboren und aufgewachsen in der DDR, ausgebildeter Grundschullehrer, an der früheren DHfK Leipzig in einem fünfjährigen Studium qualifiziert zum Diplomsportlehrer und später promoviert zum Dr. paed., (Sportwissenschaften), war nach einer kurzen Dienstzeit als Lehrer, tätig als hauptamtlicher Leichtathletiktrainer.

Von 1969 bis 2009 war er Grundlagentrainer, danach Sprinttrainer, von1986 bis Januar 1990 Verbandstrainer für alle Sprung – und Mehrkampfdisziplinen im DVfL der DDR. Im Februar 1990, in Folge der politischen Wende wurde er von den Vertretern der Sportclubs mit Leichtathletik zum letzten Cheftrainer der Leichtathletik der DDR gewählt.

Mit seinem westdeutschen Ponton beeinflusste er welche ostdeutschen Leichtathletiktrainer in den DLV der BRD übernommen wurden.

Ab 1991 bis 2004 war er ltd. Bundestrainer bzw. Cheftrainer des nun gesamtdeutschen Leichtathletikverbandes.
Zum Ausklang seines Berufslebens war er noch fünf Jahre als Sprinttrainer im LAC Erdgas Chemnitz tätig.

Herausgefordert durch sein Berufsleben, ergab sich ein immenser Kontakt mit sehr vielen, vor allem jungen Menschen. Die nicht ausbleibenden Diskussionen zum Sport, aber auch zu politischen Fragen, aktivierten nochmals sein diesbezügliches Interesse.

Manifestiert hat sich seine Meinung, dass er trotz mancher unakzeptablen Dinge gern in der DDR gelebt hat, es aber keine Alternative zu einem stark reformbedürftigen gemeinsamen Deutschland gibt.

Dazu soll das Buch einen kleinen Beitrag liefern.

Zeitfracht Medien GmbH
Ferdinand-Jühlke-Straße 7
99095 Erfurt, Deutschland
produktsicherheit@kolibri360.de